AF618609

Universitätskanzler Dr. Andreas Handschuh/
Univ.-Prof. Dr. Gerhard Ring (Hrsg.)

„Sicher forschen und entwickeln“

1. Freiberger Sicherheitskonferenz

Nomos

Die Deutsche Nationalbibliothek verzeichnet diese Publikation in der Deutschen Nationalbibliografie; detaillierte bibliografische Daten sind im Internet über http://dnb.d-nb.de abrufbar.

ISBN 978-3-8329-7648-4

1. Auflage 2012

Inhaltsverzeichnis

Grußwort der Veranstalter

Deutschland ist als einer der führenden Technologie- und Industriestaaten im permanenten Wettbewerb auf die Entwicklung und Erfindung neuer Technologien, Verfahren und Produkte angewiesen. Nicht nur Unternehmen, sondern auch Hochschulen und außeruniversitäre Forschungseinrichtungen rücken zunehmend in den Fokus fremder Nachrichtendienste, deren Ziel es ist, wissenschaftliche Erkenntnisse sowie das Verhalten im wirtschaftlichen Wettbewerb auszuspähen. Sowohl Wirtschaft als auch Wissenschaft müssen sich der Gefahr bewusst werden, dass illegaler Wissenstransfer und unkontrollierter Know-how-Abfluss eine echte Bedrohung für Wohlstand und Sicherheit darstellen.

Um diesen Ausforschungsbestrebungen erfolgreich entgegenzuwirken, sollen neben den betroffenen Unternehmen insbesondere auch Wissenschaftseinrichtungen umfassend über Ziele, Akteure und Methoden der Wirtschaftsspionage informiert und aufgeklärt werden.

Die Freiberger Tagung **„Sicher forschen und entwickeln“** widmet sich unter der Schirmherrschaft des Sächsischen Staatsministers des Innern den unterschiedlichen Gefährdungslagen, die von Wirtschaftsspionage und politischem Extremismus ausgehen. Namhafte Fachvertreter aus Politik, Polizei und Verfassungsschutz, Industrie und Wissenschaft referieren über Aktivitäten und Vorgehensweisen fremder Nachrichtendienste und informieren über Möglichkeiten, sich effektiv gegen diese Bedrohungen zu schützen.

Wir freuen uns sehr, dass diese Veranstaltung erstmals an der TU Bergakademie Freiberg stattfinden konnte und danken allen Referenten, den ausstellenden Unternehmen sowie vor allem den zahlreichen Teilnehmern aus Wirtschaft, Verwaltung und Wissenschaft ganz herzlich für ihre Mitwirkung.

Freiberg, Herbst 2011

Univ.-Prof. Dr. GerhardRing
Lehrstuhl für Bürgerliches Recht, Deutsches und
Europäisches Wirtschaftsrecht,
TU Bergakademie Freiberg

Dr. Andreas Handschuh
Kanzler der TU Bergakademie Freiberg

Grußwort von Herrn Landespolizeipräsident Bernd Merbitz zur Sicherheitskonferenz "Sicher forschen und entwickeln" am 14. April 2011 an der TU Bergakademie Freiberg

Sehr geehrte Damen und Herren,

"Made in Germany" ist weltweit gefragt und geschätzt. Unsere Unternehmen und Forschungsrichtungen entwickeln Technologie der Spitzenklasse. Viele nehmen eine führende Stellung im Weltmarkt ein. Aus diesem Grund ist "Made in Germany" aber auch ein attraktives Ziel für Spionageaktivitäten von fremden Staaten. Diese wollen bei uns Wissen und Know-how abgreifen und sich die hohen Kosten für Forschung und Entwicklung sparen.

Mit der Sicherheitskonferenz unter dem Motto "Sicher forschen und entwickeln" haben Sie sich Wichtiges vorgenommen. Durch Wirtschaftsspionage entsteht alljährlich ein hoher Schaden. Das Schadenspotential für die deutsche Wirtschaft wird auf 50 Milliarden Euro geschätzt. Die Folgen sind Steuermindereinnahmen, Firmenpleiten, der Verlust von Arbeitsplätzen und eine Schwächung des Wirtschaftsstandortes Deutschland. Auch der Freistaat Sachsen ist davon betroffen.

Die Schirmherrschaft für diese Konferenz hat Herr Staatsminister Markus Ulbig gern übernommen. Leider kann er aus terminlichen Gründen heute hier nicht teilnehmen. Er lässt Ihnen aber seine herzlichen Grüße ausrichten und wünscht Ihnen eine erfolgreiche Konferenz. Er hat mich außerdem gebeten, Ihnen auszurichten, dass es ihm ein persönliches Anliegen ist, Sicherheit in der Wirtschaft zu fördern und weiter zu entwickeln.

Als technologie- und exportorientierte Nation leben wir von Wissen, Ideenreichtum und Innovation. Das sind die wichtigsten Eckpfeiler unserer Volkswirtschaft und zugleich ihre entscheidenden Wettbewerbsvorteile. Eine funktionierende Wirtschaft ist eine grundlegende Voraussetzung für die innere Stabilität von Staat und Gesellschaft. Deshalb liegt es im besonderen Interesse der Sächsischen Staatsregierung, einen illegalen Wissenstransfer aus sächsischen Firmen und Forschungseinrichtungen zu verhindern.

Nach den Erkenntnissen der Sicherheitsbehörden hat die Spionage in den Bereichen Wirtschaft, Wissenschaft und Technik in den letzten Jahren stark zugenommen. Die aktuell gefährlichste Bedrohung stellen dabei elektronische Angriffe auf IT-Systeme dar. Auch der "Faktor Mensch" spielt nach wie vor eine erhebliche Rolle. Oftmals werden Studenten, Praktikanten oder Professoren instrumentalisiert, um an die gewünschten Informationen zu kommen. Ausgespäht werden aber nicht nur so genannte "Global Player", sondern insbesondere kleine und mittelständische Unternehmen mit innovativen Produkten.

Diese Bedrohungslage spiegelt sich jedoch in den polizeilichen Fallzahlen nicht wider. Bundesweit registrieren die Strafverfolgungsbehörden jährlich etwa 20 Fälle von Wirtschaftsspionage. In Sachsen haben wir in den letzten zehn Jahren insgesamt vier solche Verdachtsanzeigen verzeichnet. Davon haben sich drei Fälle glücklicherweise nicht bestätigt. In einem weiteren Fall sind die diesbezüglichen Ermittlungen noch nicht abgeschlossen.

Diese Zahlen zeigen, dass wir hier von einem großen Dunkelfeld ausgehen müssen. Die Ursachen dafür sind vielfältig. So haben wir es in diesem Deliktsfeld mit Tätern zu tun, die professionell und äußerst konspirativ vorgehen. Hinzu kommt, dass die Schäden für die Betroffenen oftmals nicht ohne Weiteres erkennbar sind. Außerdem wissen wir, dass Firmen und Forschungseinrichtungen - zum Teil aus Imagegründen - vor einer Anzeige und einer Kooperation mit den Strafverfolgungsbehörden zurückschrecken.

Das ist weder nachvollziehbar noch in der Sache begründet.

Ich denke, dass viele Firmen und Forschungsbereiche sich dieser Gefahren überhaupt noch nicht hinreichend bewusst sind. Dabei können illegale Know-how-Abflüsse sehr schnell existenzbedrohend werden. Der wirtschaftliche Erfolg eines Unternehmens hängt heute eben auch davon ab, wie gut es gelingt, sensible Datenbestände und die elektronische Kommunikation vor Verlust und Missbrauch zu schützen.

Der wirksamste Schutz ist das tägliche Problembewusstsein. Wirtschaftsspionage schlägt meist völlig überraschend bei den Unternehmen ein. Man erkennt sie schwer. Es gibt keinen sichtbaren Einbruch. Es klirren keine Scheiben. Es fließt kein Blut. Es hat zunächst nichts Bedrohliches, dennoch kann der Schaden erheblich sein. Also müssen wir den achten Sinn für die Gefahren der Wirtschaftsspionage stärken. Für mich steht deshalb die Prävention durch Information im Vordergrund. Die sächsische Polizei hat im vergangenen Jahr gemeinsam mit dem Sächsischen Verband für Sicherheit in der Wirtschaft eine umfangreiche Checkliste für ein "Sicheres Unternehmen" erarbeitet. Damit wollen wir Unternehmen helfen, Schwachstellen in ihrem Sicherheitssystem aufzuspüren und ihren Eigenschutz zu verbessern. Bei Universitäten, die eng mit der Wirtschaft zusammenarbeiten, sind diese Aufklärung und das Bewusstsein für die Gefahren genauso wichtig. Wir haben unseren Polizisten einen Infoflyer an die Hand gegeben, um auch sie für die Bekämpfung der Wirtschaftsspionage zu sensibilisieren.

Mit unseren Maßnahmen wollen wir einheimischen Unternehmen und wissenschaftlichen Institutionen beim Informationsschutz unter die Arme greifen. Der Erfolg dieser Maßnahmen wird zu einem wesentlichen Teil von der konstruktiven Mitarbeit der Wirtschaft und der Forschungseinrichtungen selbst abhängen.

Dabei sind wir vor allem dann erfolgreich, wenn Staat, Unternehmen und auch Universitäten und Forschungseinrichtungen an einem gemeinsamen Strang ziehen. Ein enger und vertrauensvoller Dialog ist dafür ganz entscheidend. Ich bitte Sie, dies in Ihre Gremien zu tragen und unsere Angebote intensiv zu nutzen:

- Fordern Sie uns bei Ihren Fragen zur Sicherheit.
– Vereinbaren Sie einen regelmäßigen Informationsaustausch in Sicherheitsfragen mit uns.
– Und vor allem: Nehmen Sie bei Sicherheitsvorfällen unsere Hilfe an!

Ich bin zuversichtlich, dass es uns gemeinsam gelingt, nicht nur hier in Freiberg, sondern an unterschiedlichsten Orten in Sachsen die Belange des Wirtschaftsschutzes zu stärken.

Für Ihre Konferenz wünsche ich Ihnen gutes Gelingen, damit Sie gute Antworten auf die Herausforderungen der Wirtschaftsspionage finden und damit "Made in Germany" auch in Zukunft weltweit ein Markenzeichen von höchster Qualität bleibt.

Wirtschaftsschutz: Stabilitätsrisiken für die Sicherheit an globalen Märkten

Ministerialrat Guido Müller, Bundeskanzleramt

(Es gilt das gesprochene Wort)

Sehr geehrter Herr Staatsminister Ulbig,
sehr geehrter Herr Dr. Handschuh,
sehr geehrter Herr Prof. Dr. Ring,
sehr geehrter Herr Oberbürgermeister Schramm,
meine verehrten Damen und Herren,

Leben in einer globalisierten Welt - globale Märkte: Was bedeutet das für uns? Auch wenn oftmals vor zunehmenden Globalisierungstendenzen gewarnt wird: Globalisierung bietet Chancen. Chancen auf politischem, wirtschaftlichem und wissenschaftlichem Gebiet. Chancen und Vorteile, die nicht zuletzt in unserem Alltag spürbar sind.

-- Der Wegfall von Grenzkontrollen hat maßgeblich zu unserer Reisebeweglichkeit beigetragen.
-- Wir profitieren von sinkenden Preisen, indem Güter dort produziert werden, wo sie am günstigsten sind.
-- Die Globalisierung trägt zu einer Angebotsvielfalt bei, so dass wir beispielsweise ganzjährig exotisches Obst und Gemüse kaufen können.

Auch für die Wirtschaft liegen die Vorteile auf der Hand:

- Unternehmen erhalten Zugang zu neuen Märkten.
– Sie können ihre Standorte nach Kriterien wie Arbeitskräftemarkt, niedrigen Produktionskosten etc. ausrichten.
-- Produktionskosten können durch Arbeitsteilung niedrig gehalten werden.

In dem Maße, in dem durch die Vernetzung der Märkte großartige Chancen erwachsen, nehmen allerdings auch die sicherheitlichen Bedrohungen zu.

Ich denke, wir sind uns einig. Es gibt viele Risiken, die nicht zu vernachlässigen sind, an dieser Stelle jedoch heute nicht betrachtet werden können:

- Kampf um Ressourcen wie Öl, Wasser, seltene Erden,
- Naturkatastrophen,
- Umweltzerstörung.

Daneben stellen uns Trends wie die zunehmende Landflucht vor neue Herausforderungen. In nur wenigen Jahren wird es weltweit mehr als 50 Megacities mit mehr als 700 Mio. Einwohnern geben. So stellt bereits jetzt Mexiko-City mit 21 Mio. Einwohnern das drittgrößte Ballungsgebiet der Welt dar. Man stelle sich vor: Die fünffache Anzahl der Einwohner des ganzen Freistaates Sachsen in einer einzigen Stadt!

Dies ist ein Trend, mit dem weitere Probleme erwachsen. Probleme infrastruktureller, insbesondere aber soziologischer Art.

Oder nehmen wir den demographischen Wandel. Menschen in Industriestaaten werden immer älter, die Zahl der Erwerbstätigen geht zurück. In den nächsten 50 Jahren wird die Bevölkerung in Deutschland um schätzungsweise 15 Prozent abnehmen.

Ein weiteres globales Problem resultiert aus der zunehmenden Migration. Vor allem aus Afrika drängen mehr und mehr Menschen nach Europa. Angesichts der Bilder, die uns in diesen Tagen aus Lampedusa erreichen, kann uns deren Schicksal nicht kalt lassen.

All dies zu thematisieren, würde den Rahmen der heutigen Veranstaltung sprengen. Gestatten Sie mir deshalb, exemplarisch einige Risiken herauszugreifen. Zum einen sind es Stabilitätsrisiken in einer Region wie Nahost bzw. in einzelnen Ländern wie Iran oder China, die Auswirkungen auf das Auslandsengagement eines Unternehmens haben können. Zum anderen sind es Bedrohungen wie Wirtschaftsspionage, Piraterie oder Angriffe auf unsere Cybersicherheit.

Meine Damen und Herren,

kommen wir nun zur Lage im Nahen Osten, in Iran und China.

Naher Osten

Die Lage im Nahen Osten ist für Deutschland, insbesondere die deutsche Wirtschaft von großer Bedeutung. Eine Destabilisierung des Raumes ist unweigerlich mit einer Verteuerung an unseren Benzin-Zapfsäulen verbunden. Die Unruhen in Kairo von Ende Januar 2011 sowie aktuell in Libyen führen uns diese Konsequenz plastisch vor Augen. Oder stellen wir uns nur mal das Szenario einer Blockade des Suez-Kanals vor. Rohöltanker aus den Golfstaaten sind von diesem Nadelöhr abhängig. Bei einer Blockade müssten die Schiffe den Umweg über Südafrika nehmen. Die zusätzlichen Transportkosten würden wiederum die Endkunden spüren.

In diesem Zusammenhang sehen wir mit Sorge die Lage in Tunesien, Ägypten, Libyen, Algerien, Jordanien, Libanon und Syrien.

Abgesehen von solchen Entwicklungen bzw. Ereignissen ist die Lage im Nahen Osten von drei wesentlichen Konfliktlinien definiert:

1. Der palästinensisch-israelische Konflikt

Dieser ist von sich teilweise gegenseitig ausschließenden Interessenlagen gekennzeichnet. Die Hamas, die sich in einem internen Machtkampfmit der Fatah befindet, lehnt das Existenzrecht Israels ab; dies erschwert nicht nur einen innerpalästinensischen Konsens hinsichtlich des Umgangs mit Israel sondern auch eine Annäherung an Israel. Israel wiederum lehnt Zugeständnisse gegenüber den Palästinensern ab. So wird dem Aufbau palästinensischer Streitkräfte sowie einer vollständigen Rückkehr palästinensischer Flüchtlinge eine Absage erteilt. Gleichzeitig fordert Israel ein ungeteiltes Jerusalem sowie den Verbleib großer israelischer Siedlungsblöcke im Westjordanland. Der Siedlungsbau stellt in diesem Fall ein grundsätzliches Problem dar.

Die diesbezüglichen Vermittlungsbemühungen auch auf internationaler Ebene blieben bislang ohne Erfolg.

2. Der syrisch-israelische Konflikt

Diese Spannungen resultieren zum einen aus der Forderung Syriens nach Rückgabe der Golanhöhen. Zum anderen wirft Israel Syrien vor, die Hisbollah im Libanon mit Waffen zu unterstützen. Zudem wird das gute Verhältnis Syriens zum Iran, der Israel das Existenzrecht abspricht, mit Argusaugen beobachtet. Die derzeitigen innenpolitischen Unruhen in Syrien erschweren eine Lagebeurteilung aber auch den Ausgleich.

3. Der libanesisch-israelische Konflikt

Gegenstand dieses Konflikts ist die israelische Besetzung libanesischen Territoriums. Lageverschärfend könnte sich hier die aktuelle Regierungsverantwortung der Hisbollah im Libanon erweisen.

In all diesen Konflikten setzt Israel auf politische Lösungen. Sollte es dennoch zu einer militärischen Konfrontation kommen, dürfte die Wahrscheinlichkeit einer Auseinandersetzung im Gazastreifen größer sein als an der Nordgrenze oder im Westjordanland. Im Falle einer militärischen Auseinandersetzung zwischen Israel und dem Iran dürften sich sowohl Hisbollah als auch die Hamas zu gewaltsamen Solidaritätsaktionen mit Iran gegen Israel veranlasst sehen.

Iran

Im Unterschied zur Selbstwahrnehmung des Landes als Ordnungsmacht zwischen dem Persischen Golf und Zentralasien wird der Iran von den Anrainern mit einem Bild der Agression und Bedrohung gleichgesetzt. Als zentrale Stabilitätsrisiken sind das

- Nukleardossier sowie die
- Ausweitung des iranischen Einflusses in der Region

zu werten.

Die Verhinderung einer nuklearen Bewaffnung des Iran stellt eine große internationale sicherheitspolitische Herausforderung dar. Der Iran im Besitz von Nuklearwaffen birgt u.a. die Gefahr eines Wettlaufs um Nuklearwaffen in der Region (dies war bereits bei China, Indien und Pakistan der Fall). Ähnlich bedrohlich ist die Vorstellung, dass ein Regime, das Israel das Existenzrecht abspricht, über Nuklearwaffen verfügen könnte. Eine weitere Gefahr bestünde in einem möglichen Nuklearwaffeneinsatz als Drohpotential zur Durchsetzung iranischer Interessen.

Um dies zu verhindern, setzt die internationale Gemeinschaft auf Verhandlungen und Zwangsmaßnahmen in Form von Sanktionen:

- Sanktionen sind im Jahr 2010 auf Ebene der Vereinten Nationen, der Europäischen Union und im nationalen Bereich ausgebaut worden.
- Diese sind als „smart sanctions“ konzipiert. Dies bedeutet, dass nicht die Zivilbevölkerung, sondern die iranische Führungsebene getroffen werden soll.
- Vor diesem Hintergrund sind u.a. vor allem Unternehmen, die von Revolutionswächtern kontrolliert werden, gelistet worden.

Meine Damen und Herren,

auch wenn es in der Praxis keine direkte Beeinträchtigung der Exporte Deutschlands in den Iran gibt - Iran ist mit einem Volumen von 3,7 Mrd. Euro im Jahr 2010 immerhin drittgrößter Handelspartner in der Region - so wirkt sich dennoch das schwierige politische Umfeld negativ auf deutsches Wirtschaftshandeln aus. So haben diverse Unternehmen ihr Irangeschäft vollständig eingestellt. Andere lassen sich jedes Geschäft vom Bundesamt für Wirtschaft und Ausfuhrkontrolle genehmigen. Dies belegt die Unsicherheit deutscher Unternehmen im Umgang mit den Iran-Sanktionen.

Sehr geehrter Herr Dr. Handschuh,

auch wissenschaftliche Einrichtungen können von den Sanktionen betroffen sein. Bei der Visumvergabe an Gastwissenschaftler oder ausländische Praktikanten beispielsweise wird seitens der deutschen Behörden auf einen möglichen proliferationsrelevanten Hintergrund geachtet.

Ein Ausblick hinsichtlich der weiteren Entwicklung ist im Falle Irans schwierig. Trotz des uneingeschränkten Willens der Staatengemeinschaft zu einer friedlichen Lösung kann eine militärische Eskalation nicht ausgeschlossen werden. Nachdem die Frage, ob Sanktionen zum Einlenken des Iran im Nukleardossier führen werden, offen bleibt, kann auch die Frage hinsichtlich der Stabilität in der Region nicht abschließend beantwortet werden. Klar ist jedoch, dass hohe Ölpreise zur Stabilisierung der Lage des Regimes beitragen.

China

Sehr geehrte Damen und Herren,

seit 2000 ist ein starker Anstieg des chinesischen Anteils am Welthandel feststellbar. China gelang es sogar, diesen Anteil auch während der jüngsten globalen Wirtschaftskrise auszubauen. In 37 Ländern stellt das Land mittlerweile den größten Lieferanten dar und sichert sich hierdurch Marktzugänge für eine breite Produktpalette. Auch China selbst fungiert als stabiler, zunehmend bedeutender Absatzmarkt.

Zur Verbesserung der internationalen Marktstellung verfolgt China die Strategie, Zugang zu Rohstoffen sicherzustellen. Der Zugang zu moderner Technologie soll über den Einkauf in entsprechende Branchen gewährleistet werden. Günstige Kurse und finanzielle Schwäche ausländischer Unternehmen werden durch chinesische Unternehmen zum Erwerb von Unternehmensanteilen genutzt; hier tritt vermehrt der chinesische Staatsfonds „China Investment Corporation" als Investor auf; auch chinesische Staatsbanken werden von der Regierung bei deren Auslandsaktivitäten aktiv unterstützt.

Vor diesem Hintergrund erstaunt nicht die Entwicklung der chinesischen Auslandsinvestitionen. Nach aktueller Aussage des chinesischen Handelsministeriums beliefen sich in den Jahren 2006 bis 2010 die gesamten chinesischen Direktinvestitionen im Ausland auf knapp 220 Mrd. US-Dollar. In Europa haben sich die Investitionen seit dem Jahr 2000 verfünffacht. Der bereits zuvor angesprochene chinesische Staatsfonds „China Investment Corporation" hat inzwischen mehr als 20 Prozent seines im Ausland angelegten Vermögens in Europa investiert. Hinzu kommen diverse Staatsanleihen, die China im Ausland erworben hat. Exemplarisch seien hier die 900 Mrd. US-Dollar genannt, die China als Anteile an US Treasury Bonds hält.

Bitte verstehen Sie mich nicht falsch. Hierbei handelt es sich um normales, legales Wirtschaftshandeln.

Neben den regionalen Stabilitätsrisiken dürfen im Hinblick auf die Bedrohung deutscher Wirtschaftsinteressen drei weitere Risiken nicht unbeachtet bleiben: Wirtschaftsspionage, Piraterie sowie Bedrohungen für die Cybersicherheit.

Meine Damen und Herren,

im Bereich der Wirtschaftsspionage sehen die Sicherheitsbehörden auch mit Blick auf China diverse Anstrengungen. Ziele bei der Ausspähung von Unternehmen - die staatlich gelenkte Wirtschaftsspionage ist nicht immer von der Konkurrenzausspähung zu unterscheiden - bilden Forschungsergebnisse sowie strategische Informationen. Dem Lagebild der Sicherheitsbehörden zufolge kommen angeworbene Agenten, Diplomaten sowie unter Legende tätige Mitarbeiter der Nachrichtendienste zum Einsatz. Die Methoden zur Wirtschaftsspionage decken die ganze Palette von legal bis illegal ab: Auswertung offener Quellen, Gesprächsabschöpfung, Abwerben von im Ausland tätigen Wissenschaftlern, Anwerben von Auslandsstudenten/Gastwissenschaftlern, Diebstahl von Unterlagen und IT-Angriffe.

In ausgewählten Bereichen wird ausländischen Unternehmen der Zugang zum chinesischen Markt bzw. ein Joint Venture mit einem chinesischen Unternehmen nur dann gewährt, wenn sich diese zum Technologietransfer verpflichten. So besteht für Anbieter von Sicherheitssoftware und Verschlüsselungstechnik seit dem 01. Mai 2010 die Verpflichtung, Quellcodes ihrer Produkte an chinesische Behörden zu übergeben.

Mittel- bis langfristig ist die Strategie Chinas darauf angelegt, Technologieimporte zu verringern sowie jeweils zwei chinesische Unternehmenzu Global Playern injeder Branche aufzubauen.

Auch wenn China weitaus häufiger mit Wirtschafts- oder Industriespionage in Verbindung gebracht wird, so gibt es nach Informationen der Sicherheitsbehörden zunehmend neue Akteure auf diesem Feld. Es liegt auf der Hand, dass insbesondere wirtschaftlich aufwachsende Schwellenländer, allen voran die Hard- und Software-Schmiede Indien, sich ihr IT-Know-how auch vor dem Hintergrund eigener Wirtschaftsinteressen nutzbar machen. In diesem Zusammenhang möchte ich den Fall des deutschen Windanlagenherstellers Enercon nennen. 1994 wurde das Unternehmen zusammen mit einem indischen Partner Mehrheitseigner der Firma Enercon India Ltd., kurz EIL. 2005 kam es aufgrund unterschiedlicher Firmenphilosophie zum Bruch. Seitdem produziert und installiert der indische Anteilseigner nicht nur identische Windenergieanlagen, sondern vertreibt diese zudem unter dem Namen Enercon. Hinzu kam, dass die Deutschen einen Industriespion in Diensten von EIL in ihrem Werk in Magdeburg enttarnten. Er wurde rechtskräftig verurteilt.

Guido Müller

Piraterie

Noch vor einigen Jahren fanden ausschließlich Überfälle von Piraten im Südchinesischen Meer und der Straße von Malakka ein Presseecho. Dieses Problem wurde durch das gemeinsame Engagement der Anrainerstaaten weitgehend gelöst. Anders verhält es sich mit der Lage im Seegebiet am Horn von Afrika. Im Unterschied zu Asien fehlen hier geeignete Anrainer, die als Ansprechpartner und Akteure zur Stabilisierung der Situation fungieren könnten. Ausschlaggebend hierfür ist die failed states-Problematik in Bezug auf Somalia und den Jemen. Vor diesem Hintergrund gelingt es den in diesem Seegebiet agierenden Piraten, die quantitative und qualitative Dominanz ihrer Aktionen unter Beweis zu stellen. In Folge der Piraterie werden Handel und Transport auf den wichtigen internationalen Schifffahrtsrouten massiv erschwert. Mit nahezu 500 Piratenangriffen im Jahr 2010 mußte hier ein Anstieg von 10 Prozent verzeichnet werden. Von einer weiteren Zunahme muss bedauerlicher Weise ausgegangen werden.

Während sich anfangs vor allem somalische Fischer gegen die Beeinträchtigung ihres Fischfangs durch die ausländischen Schiffe zur Wehr setzen wollten, entdeckten in den letzten Jahren in verstärktem Maße Warlords und Geschäftsmänner das einträgliche Geschäft der Piraterie für sich. Die internationale Gemeinschaft steht allein schon angesichts der Größe des Seegebiets vor einer kaum zu lösenden Aufgabe. Wir sprechen hier von einem Seegebiet, das mit 5 Mio. Quadratkilometer ähnlich groß ist wie die Fläche der EU.

Die Haupt-Leidtragenden sind die Schiffsbesatzungen. Diejenigen, die bei jedem Passieren dieses Seegebiets ihre Angst vor Überfallen zu bewältigen haben; insbesondere aber diejenigen, die bereits Opfer derartiger Entführungen wurden.

Neben diesen persönlichen Schicksalen mag man kaum von den finanziellen Auswirkungen der Piraterie für die deutsche Wirtschaft sprechen. Diese sind jedoch virulent: hohe Kosten für Schiffseigentümer in den Bereichen Versicherung, Sicherheitsmaßnahmen sowie Lösegeldzahlungen; höhere Kosten durch Ausweichen auf alternative, längere Seetransportrouten. Nach Schätzungen des US Think-Tanks „One Earth Future" kostete die Piraterie vor der ostafrikanischen Küste die Weltgemeinschaft allein im Jahr 2010 zwischen 7 und 12 Mrd. Dollar. Allein die Lösegelder sind zwischenzeitlich 36-mal höher als noch vor fünf Jahren. So werden für einen Frachter durchschnittlich
5,4 Mio. Dollar gefordert.
Aus all diesen Faktoren resultieren für den Bürger steigende Preise.

Es ist ein staatliches Anliegen, auch im nationalen Rahmen weitere Möglichkeiten zum Schutz deutscher Wirtschaftsinteressen zu eruieren. Auftakt hierfür war der erste Anti-Piraten-Gipfel, zu dem die Bundesregierung am 24. Januar2011 eingeladen hatte.

Eine weitere zunehmende globale Herausforderung: Cybersicherheit

Unsere heutige Welt vernetzt sich immer stärker. Die damit geschaffenen Infrastrukturen werden aber dadurch immer verletzlicher. Die Anzahl der über das Internet versandten Schadsoftware hat sich im Verlauf des Jahres 2009 verdoppelt. Die Vernetzung hat ein derartiges Ausmaß erreicht, dass ein Ausfall von Teilen dieser Infrastruktur dem Ausfall ganzer Funktionsbereiche unserer Gesellschaft gleichkommt. Die Nutzer der Informationstechnologie, aber auch die Netzwerke und die Internetinfrastruktur selbst sind zu attraktiven Zielen geworden.

Es gibt zahlreiche Hinweise, wonach das Internet auch als staatliches Medium zur Durchsetzung politischer Interessen genutzt wird. Angriffe erfolgen dabei gegen internationale Institutionen wie die EU-Kommission oder NATO-Stellen. Auch deutsche Regierungsstellen wurden und werden attackiert.

Zunehmend ist auch die Wirtschaft betroffen: Wirtschaftsspionage erschöpft sich im digitalen Zeitalter nicht mehr bspw. im Abfotografieren von Konstruktionszeichnungen. Die Internetvernetzung macht auch Unternehmen immer stärker anfällig für Onlineangriffe. Qualität und Umfang der Aktivitäten lassen neben kriminellen Tätern immer häufiger staatliche Akteure als Angreifer vermuten. Da immer mehr Unternehmen die Bereiche Forschung und Entwicklung auslagern und in Teilbereichen nur noch fertige Produkte einsetzen, zielen Cyberangriffe nicht nur auf die kostengünstige Erlangung von Wissen. Vielmehr kann nach dem erfolgreichen Eindringen in das interne Unternehmensnetzwerk dieses Netz gesteuert und ggf. blockiert oder zerstört werden. Zu einer Gefährdung tragen unter Umständen Unternehmen sogar selbst und aktiv bei: Indem sie nämlich auf die Möglichkeit der Fernwartung vor allem im Maschinenbau zurückgreifen. Das Geschäft eines Unternehmens kann nachhaltig geschädigt, das Unternehmen sogar komplett aus dem Markt verdrängt werden. Hier kann eine existenzielle Gefahr für Unternehmen erwachsen.

Meine Damen und Herren,

die von Staaten ausgehende Bedrohung erschöpft sich aber nicht nur in Spionageaktivitäten. Vielmehr entsteht zunehmend auch eine militärische Dimension. Die Online-Angriffe auf Estland 2007 und Georgien 2008 verdeutlichten, dass es mittlerweile militärische Möglichkeiten gibt, die staatliche und zivile Infrastruktur eines anderen Landes nachhaltig zu stören und zu schädigen. Computer haben sich von einfachen Schreib- und Speichergeräten zu zentralen Werkzeugen im Kampfeinsatz gewandelt. Damit wurde auch Cyberwarfare von einem Hilfsmittel im konventionellen Waffeneinsatz zu einer eigenen Dimension der Kriegsführung.

Zunehmend Sorge bereitet darüber hinaus das Phänomen der Online-Kriminalität. Die mittlerweile regelmäßig erscheinenden Medienberichte bspw. über Phishing, also den Diebstahl von Zugangsdaten etwa zum Online-Banking, sind dabei nur die Spitze des Eisberges. 2009 übertraf nach Expertenschätzungen der Gewinn aus kriminellen Online-Aktivitäten erstmals die Profite aus dem weltweiten Drogenhandel. Allein diese Profitmöglichkeit lässt eine weitere rasante Zunahme krimineller Cyberaktivitäten erwarten. Neben den betroffenen Bürgern stehen auch Wirtschaftsunternehmen im Fokus. Ein solcher Angriff kann nicht nur hohen Schaden verursachen, die Folgen können für die globalisierte Wirtschaft weitaus gravierender sein. So musste in der Folge eines Datendiebstahls beim Emissionshandel mit Verschmutzungsrechten im Februar 2010 der Emissionshandel in mehreren europäischen Ländern zeitweise ausgesetzt werden. Auch Mitte Januar 2011 hat die Europäische Kommission für einige Tage den elektronischen Handel mit Emissionsrechten gestoppt. Diese Notmaßnahme wurde für erforderlich gehalten, nachdem Unbekannte in verschiedenen europäischen Ländern gezielt etwa zwei Mio. Zertifikate gestohlen und sofort weiterverkauft hatten. Der Schaden belief sich auf etwa 28 Mio. Euro.

Das Auftreten der Stuxnet-Schadsoftware, die gezielt zum Einsatz gegen industrielle Steuerungsanlagen entwickelt wurde, führte eindrücklich vor Augen, wie verwundbar Infrastrukturen in einer vernetzten Welt geworden sind. Die Sicherheit der Informationsstrukturen, ihr Bestand und ihre Verfügbarkeit sind eine Existenzfrage, Cybersicherheit ist eine zentrale Herausforderung. Die Bundesregierung hat im Februar 2011 ihren Bericht zur Bedrohungslage Cybersicherheit beschlossen. Dieser fasst die vorliegenden Erkenntnisse und Bewertungen der Ressorts und Sicherheitsbehörden zur Thematik zusammen. Er ist zugleich ein Bekenntnis der Bundesregierung, ihrer Verantwortung für Staat und Gesellschaft auch in Fragen der Cybersicherheit umfassend nachzukommen. Ziel ist es, auf diesem Gebiet einen signifikanten Beitrag für einen sicheren Cyber-Raum zu leisten. Die Cybersicherheit in Deutschland ist auf einem Niveau zu gewährleisten, das der Bedeutung und der Schutzwürdigkeit der vernetzten Informationsinfrastrukturen gerecht wird. Hier erwächst eine zentrale gemeinsame Herausforderung für Staat, Wirtschaft und Gesellschaft, im nationalen wie im internationalen Kontext. Vor diesem Hintergrund wird die vor kurzem entworfene Cyber-Sicherheitsstrategie der Bundesregierung die Rahmenbedingungen hierfür verbessern. Das neu geschaffene Cyber-Abwehrzentrum hat am 01. April diesen Jahres seine Arbeit aufgenommen.

Meine Damen und Herren,

unstrittig ist, dass trotz der geschilderten Risiken insbesondere China aus wirtschaftlicher Sicht von deutschen Unternehmen als Absatz- und Produktionsmarkt nicht zu vernachlässigen ist und Chancen bietet. Angesichts dessen gilt es, uns hinsichtlich der möglichen Risiken zu sensibilisieren und Vorsichtsmaßnahmen zu entwickeln.

- Definieren Sie das Schlüsselwissen Ihrer Institution und entwickeln Sie gezielt Mechanismen zum Schutz dieses Know-how. Dies gilt für den Staat, den universitären Bereich, Unternehmen und auch Private.
- Schärfen Sie den Blick Ihrer Mitarbeiter für die Gefahren.
- Denken Sie nicht nur bei Ihren PCs an Updates, sondern auch bei den implementierten Sicherheitsmechanismen.
- Scheuen Sie sich nicht, Verdachtsmomenten nachzugehen. Setzen Sie dabei auf die Unterstützung und die Expertise der Sicherheitsbehörden.

Die Bundesregierung ist sich ihrer Verantwortung für den Schutz der deutschen Wirtschaft bewusst. So gibt es bereits jetzt zahlreiche Hilfsangebote; auch die Sicherheitsbehörden sind in diesem Bereich unterstützend tätig. Lassen Sie mich an dieser Stelle ein Beispiel dieser Unterstützung skizzieren.

Als Zeichen einer erfolgreichen Kooperation der deutschen Sicherheitsbehörden ist der „Sonderbericht Wirtschaftsschutz" zu nennen. Dabei handelt es sich um einen integralen Bericht - die erste gemeinsame Berichtsplattform aller Sicherheitsbehörden. Form und Inhalt dieser Kooperation sind in der bundesdeutschen Sicherheitslandschaft einmalig. Der Bericht dient der Sensibilisierung von Staat und Wirtschaft. Unter Federführung des Bundeskanzleramtes stellen alle Sicherheitsbehörden (BSI, BKA, BfV, BND) periodisch Beiträge zusammen, die im Interesse der deutschen Wirtschaft liegen, z.B. zu Wirtschaftsspionage, Bedrohung durch Organisierte Kriminalität, allgemeine Wirtschafts- und Sicherheitslage im Ausland. Diese Beiträge werden in einem gemeinsamen Bericht den Bedarfsträgern in der Bundesregierung vorgelegt. Die unter Beachtung des Quellen- und Methodikschutz überarbeitete Version wird zudem der deutschen Wirtschaft zur Verfügung gestellt.

Weiterhin stellt der im September 2008 vom Bundeskanzleramt initiierte Ressortkreis „Wirtschaftsschutz" einen Eckpunkt der ressortübergreifenden Zusammenarbeit deutscher Sicherheitsbehörden dar. Unter Federführung des Bundesministerium des Innern sind neben dem Bundeskanzleramt auch das Bundesministerium für Wirtschaft und Technologie sowie das Auswärtige Amt vertreten. Darüber hinaus bringen dort auch die Bundessicherheitsbehörden ihre Expertise ein. Auf Seite der Wirtschaft nimmt zudem ein Vertreter der Arbeitsgemeinschaft für Sicherheit der Wirtschaft (ASW) teil.

Ziel des Ressortkreises ist es, die in den verschiedenen Behörden vorhandenen Informationen zusammentragen. Im weiteren Schritt sollen Verfahrensmöglichkeiten und Lösungsansätze zum Schutz nationaler Wirtschaftsinteressen entwickelt werden. Dies kann durchaus auch als Modell auf Ebene der Bundesländer dienen.

Zur Verbesserung der IT-Sicherheit hat die Bundesregierung im Jahr 2005 den „Nationalen Plan zum Schutz der Informationsinfrastrukturen" verabschiedet. Darauf aufbauend wurden 2007 der „Umsetzungsplan für die Bundesverwaltung" für den Schutz der Informationsinfrastrukturen in allen Behörden des Bundes sowie der „Umsetzungsplan Kritische Infrastrukturen" (UP KRITIS) beschlossen. Den UP KRITIS haben Infrastrukturunternehmen und deren Verbände gemeinsam mit dem Bund erarbeitet.

Die staatlichen Maßnahmen, die ich zuvor geschildert habe, können nur auf Basis vorhandener Informationen greifen. Hier ist Ihre Bereitschaft zum Austausch mit allen Beteiligten gefragt. Gemeinsam müssen wir effiziente Schutzmechanismen entwickeln. Nur gemeinsam können wir vorhandene Konzepte weiter verbessern. Ich kann Sie nur bitten, vertrauensvoll untereinander, aber auch mit staatlichen Stellen zu kooperieren.

Meine Damen und Herren,

lassen Sie mich schließen mit einem Satz, der leider nicht von mir stammt:

„Zusammenkommen ist ein Beginn,
Zusammenbleiben ist ein Fortschritt,
Zusammenarbeiten ist ein Erfolg.“

Mit diesem Zitat von Henry Ford beende ich meine Ausführungen und danke Ihnen für Ihre Aufmerksamkeit. Für Fragen stehe ich nun gerne zur Verfügung.

Vielen Dank.

Stellt der politische Extremismus gegenwärtig eine Gefahr für den demokratischen Verfassungsstaat in der Bundesrepublik Deutschland dar?

Univ.-Prof. Dr. EckhardJesse, TU Chemnitz

1. Einleitung

Die Bundesrepublik Deutschland wurde und wird stark durch die Hinterlassenschaft der NS-Diktatur geprägt, ebenso, wenngleich weniger, durch die der SED-Diktatur.[1] Zwei Buchtitel zur deutschen Geschichte nach 1945 fangen gut die Traumata der Deutschen ein. Die Wendung „Nach der Katastrophe"[2] ist nicht nur temporal, sondern auch kausal gemeint. Sie spielt darauf an, dass Hitler bei vielen Debatte und Entscheidungen eine Art steinerner Gast ist. Die Anhänger wie die Gegner des Extremistenbeschlusses von 1972 zur Fernhaltung von Extremisten aus dem öffentlichen Dienst beriefen sich auf die historischen Erfahrungen: Die einen warnten vor staatlicher Laxheit mit Blick auf die abwehrschwache Weimarer Republik, die anderen vor staatlichen Exzessen mit Blick auf das NS-Unrechtsregime. Und die „Suche nach Sicherheit"[3] erscheint deswegen als ein wichtiges Element der zweiten deutschen Demokratie, wobei dieser Schlüsselbegriff höchst unterschiedliche Facetten besitzt, militärische, politische, kulturelle und wirtschaftliche. Allerdings ist auch Wandel eingetreten, zumal durch die deutsche Einheit. So hat sich das Verhältnis zu den nationalen Symbolen allmählich normalisiert, ist weniger verkrampft geworden.[4] Nach den einleitenden Bemerkungen geht es zunächst um die Konzeption der für die Bundesrepublik Deutschland charakteristischen streitbaren Demokratie. Danach folgt ein Überblick zum parteiförmig ausgerichteten Extremismus mit Blick auf das Abschneiden bei Wahlen sowie Ausführungen zum nicht parteiförmigen Extremismus. Abschließend wird die Kernfrage beantwortet, ob der Extremismus in der Bundesrepublik eine Gefahr für den hiesigen

1 Der Beitrag stellt eine teils gekürzte, teils erweiterte und aktualisierte Fassung des folgenden Aufsatzes dar: Extremismus in Deutschland, in: Eckhard Jesse/Tom Thieme (Hrsg.), Extremismus in den EU-Staaten, Wiesbaden 2011, S. 83-98.

2 Vgl. Peter Graf Kielmansegg: Nach der Katastrophe. Eine Geschichte des geteilten Deutschland, Berlin 2000.

3 Vgl. Eckart Conze: Die Suche nach Sicherheit. Eine Geschichte der Bundesrepublik Deutschland von 1949 bis in die Gegenwart, München 2009.

4 Vgl. etwa Robert Habeck: Patriotismus - ein linkes Plädoyer, Gütersloh 2010.

demokratischen Verfassungsstaat darstellt. Die Zeit seit der deutschen Einheit stehtjeweils im Vordergrund.

2. Konzeption der streitbaren Demokratie

Das Konzept der streitbaren Demokratie ist bestimmend für die Bundesrepublik Deutschland. Die im antiextremistisch ausgerichteten Grundgesetz verankerte Konzeption der streitbaren Demokratie will die Hilflosigkeit der relativistisch geprägten Demokratie des Weimarer Typs überwinden. Ihr zentraler Gedanke ist die Vorverlagerung des Demokratieschutzes in den Bereich des legalen politischen Handelns. Der demokratische Verfassungsstaat soll sich seiner Gegner nicht erst erwehren können, wenn diese Strafgesetze verletzen. Die Demokratie Weimarer Prägung konnte gegenüber solchen Gruppierungen nichts unternehmen, da sie sich (überwiegend) keines Verstoßes gegen Gesetze schuldig machten.[5]

Alle Varianten der streitbaren Demokratie umfassen drei Charakteristika: (1) die Wertgebundenheit, (2) die Abwehrbereitschaft und (3) die Vorverlagerung des Demokratieschutzes, wobei dieser letzte Punkt eine Präzisierung des zweiten darstellt. Mit *Wertgebundenheit* ist gemeint, dass der Verfassungsstaat eine Wertordnung zur Grundlage hat, die er nicht zur Disposition gestellt wissen will. Zum demokratischen Minimalkonsensus zählen insbesondere die Menschenrechte. Dem Grundgesetz wohnt ein „Ewigkeitsgebot", Art. 79 Abs. 3 GG inne: „Eine Änderung dieses Grundgesetzes, durch welche die Gliederung des Bundes in Länder, die grundsätzliche Mitwirkung der Länder bei der Gesetzgebung oder die in den Artikeln 1 und 20 niedergelegten Grundsätze berührt werden, ist unzulässig." Diese Werte und institutionellen Verfahrensnormen sind die Legitimationsbasis der Streitbarkeit. Zur *Abwehrbereitschaft* gehört die Verteidigung des demokratischen Verfassungsstaates gegenüber extremistischen Positionen. Art. 9 Abs. 2 GG sieht die Möglichkeit des Vereinigungsverbots vor, Art. 21 Abs. 2 die des Parteienverbots. Art. 18 erlaubt die Verwirkung der Grundrechte, um drei wesentliche Maßnahmen des präventiven Demokratieschutzes zu nennen. Als *Vorverlagerung des Demokratieschutzes* gilt der Sachverhalt, dass der demokratische Verfassungsstaat es sich vorbehält, nicht erst bei einem Verstoß gegen (Straf-)Gesetze zu reagieren. Der Zusammenhang von Wehrhaftigkeit und Werthaftigkeit liegt auf der Hand. Ein

5 Diese Position versucht Christoph Gusy zu relativieren. Vgl. ders.: Weimar - die wehrlose Republik? Verfassungsschutzrecht und Verfassungsschutz in der Weimarer Republik, Tübingen 1991.

Staat, der auf unveränderbaren Werten ruht, muss abwehrbereit sein. Und wer Abwehrbereitschaft bejaht, kommt ohne Wertgebundenheit nicht aus.

Allerdings wirft die Vorverlagerung des Demokratieschutzes für die zu gewährleistende Liberalität des Staates gravierende Probleme auf. Wird nicht gerade dadurch, dass die Legalität des Verhaltens keineswegs der einzige Maßstab für die Beurteilung ist, die Demokratie unterminiert und Legalität gegen Legitimität ausgespielt? Wie kann sich eine im Ruch der Verfassungsfeindlichkeit stehende Organisation überzeugend gegen den Vorwurf wehren, sie tarne sich? Fördert die streitbare Demokratie, wenn auch unbeabsichtigt, McCarthyismus?

1952 wurde die *Sozialistische Reichspartei* (SRP) verboten, 1956 die *Kommunistische Partei Deutschlands* (KPD). Die junge - verunsicherte - Demokratie wollte mit den beiden Verboten Exempel statuieren. Diese waren nicht nur rechtmäßig, sondern wohl auch zweckmäßig. Die Urteile des Gerichts zeichneten sich in hohem Maße durch Zurückhaltung und Liberalität aus. Der antitotalitäre Konsens war so verbreitet, dass eine Differenzierung zwischen der rechts- und der linksextremistischen Variante nicht für sinnvoll angesehen wurde. Die Angst gegenüber „früher“ und „drüben“ war vorherrschend. Gegen die *Nationaldemokratische Partei Deutschlands* (NPD) wurde 2001 ein Verbotsverfahren eingeleitet - von der Bundesregierung, dem Bundestag und dem Bundesrat. Die Wissenschaft machte dagegen überwiegend Bedenken geltend.[6] Aufgrund verschiedener Pannen (z.B. Existenz von V-Leuten in der Führungsspitze der Partei) stellte das Bundesverfassungsgericht im März 2003 das Verfahren ein.[7]

Bis zum Inkrafttreten des Vereinsgesetzes im Jahr 1964 war von der Bestimmung des Art. 9 Abs. 2 GG rege Gebrauch gemacht worden: Die Ausschaltung von insgesamt 64 Vereinigungen (40 links- und 24 rechtsextremistischen) aus dem politischen Leben hat der Liberalität wohl eher geschadet, die innere Sicherheit kaum gestärkt. Von 1964 bis zur deutschen Einheit sind vom Bundesministerium des Innern 17 Verbotsverfügungen ergangen, vornehmlich gegen rechtsextremistische Vereinigungen. Von 1990 an wurden 61 Verbote

6 Vgl. Horst Meier: „Ob eine konkrete Gefahr besteht, ist belanglos“. Kritik der Verbotsanträge gegen die NPD, in: Leviathan 29(2001)3, S. 439-468; Eckhard Jesse: Soll die Nationaldemokratische Partei Deutschlands verboten werden? Der Parteiverbotsantrag war unzweckmäßig, ein Parteiverbot ist rechtmäßig, in: Politische Vierteljahresschrift 42(2001)4, S. 683-697; Michael Henkel/Oliver Lembcke: Die Dilemmata des Parteiverbots. Probleme der wehrhaften Demokratie im Umgang mit dem Rechtsextremismus, in: Zeitschrift für Parlamentsfragen 32(2001)3, S. 572-587.

7 Vgl. Lars Flemming: Das NPD-Verbotsverfahren. Vom „Aufstand der Anständigen“ zum „Aufstand der Unfähigen“, Baden-Baden 2005.

ausgesprochen, insbesondere gegen rechtsextremistische Vereinigungen, auch gegen islamistische. Deutsche linksextremistische Vereinigungen sind nicht mehr verboten worden. Zusätzlich gab es zahlreiche Verbote von Gruppierungen, die nur in einem Land aktiv waren.

Die vier Anträge auf Grundrechtsverwirkung gemäß Art. 18 GG - 1960 gegen Otto Ernst Remer, 1969 gegen Gerhard Frey, jeweils 1992 gegen Heinz Reisz und gegen Thomas Dienel - scheiterten sämtlich. Sie wurden wegen offenkundiger Aussichtslosigkeit von der Bundesregierung nicht weiter verfolgt. Da für den demokratischen Verfassungsstaat die Herausforderung von organisierten Kräften ausgeht, ist der Artikel nicht effizient und wohl auch kein Zeichen demokratischer Souveränität.[8]

Kein Komplex der streitbaren Demokratie löste eine solche Auseinandersetzung aus, wie der zum Teil in irrationalen Formen geführte Streit um die Fernhaltung von Extremisten aus dem öffentlichen Dienst. Eine indirekte Folge des Extremistenbeschlusses war die alsbald ins Schussfeld der Kritik geratene „Regelanfrage". In weiten Teilen der politischen Parteien und der öffentlichen Meinung setzte sich die Auffassung durch, der Extremistenbeschluss sei ein Fehler gewesen. Dessen von heftiger Kritik begleitete Geschichte ist eine Geschichte seiner ständigen Rücknahme.[9] Schlagworte wie „Duckmäusertum" und „Gesinnungsschnüffelei" spielten eine große Rolle. Tatsächlich wurden wegen mangelnder Verfassungstreue nicht viel mehr als 1.000 Bewerber abgelehnt.

Die Parteiendemokratie ermöglicht allen Parteien eine Teilnahme an Wahlen, unabhängig von ihrer verfassungsmäßigen Ausrichtung. Eine Partei kann nur durch das Verfassungsgericht verboten werden („Parteienprivileg"). Auch wenn prinzipiell Chancengleichheit besteht, begünstigt das Wettbewerbssystem etablierte Kräfte, etwa durch die Fünfprozentklausel, die Parteienfinanzierung, die Unterschriftenquoren.[10] Die Fünfprozentklausel ist die größte Hürde für Kleinparteien, ob nun demokratischer, ob nun extremistischer Couleur. Die Erwähnung extremistischer Parteien in den Verfassungsschutzberichten schadet diesen, ist durch das Prinzip der streitbaren Demokratie aber gedeckt. Die Verfassungsschutzberichte, deren Entstehung auf die antisemitischen Schmierereien auf die Jahreswende 1959/60 zu datieren ist, sind ein le-

8 Vgl. Eckhard Jesse: Grenzen des Demokratieschutzes in der offenen Gesellschaft. Das Gebot der Äquidistanz gegenüber politischen Extremismen, in: Uwe Backes/ders. (Hrsg.): Gefährdungen der Freiheit. Extremistische Ideologien im Vergleich, Göttingen 2006, S. 393-420.

9 Vgl. dazu ausführlich Gerald Braunthal: Politische Loyalität und Öffentlicher Dienst. Der „Radikalenerlass" von 1972 und die Folgen, Marburg 1992.

10 Vgl. Jan Köhler: Parteien im Wettbewerb. Zu den Wettbewerbschancen nicht-etablierter politischer Parteien im Rechtssystem der Bundesrepublik Deutschland, Baden-Baden 2006.

gitimer Ausdruck der Sorge des demokratischen Staates vor Unterwanderung[11], dürfenjedoch keine Verdachtsberichterstattung pflegen.[12]

Die politische Kultur in der Bundesrepublik Deutschland ist insgesamt stabil. Wirtschaftliche Krisen führen nicht notwendigerweise zu einem starken Anstieg des Extremismus. Wir haben keine „Schönwetterdemokratie" mehr. Allerdings gibt es beträchtliche Unterschiede zwischen den alten und den neuen Bundesländern. Das zeigt sich etwa bei den Antworten auf die Frage danach, ob die Demokratie in der Bundesrepublik die beste Staatsform ist oder ob es eine andere gäbe, eine bessere. Die Zahl derer, die der ersten Position zuneigen, liegt im Westen mit knapp 80 Prozent etwa doppelt so hoch wie im Osten. Und die Zahl derjenigen, die der zweiten Variante den Vorzug geben, ist im Osten mit knapp 30 Prozent mehr als doppelt so hoch wie im Westen. Dabei haben sich die Daten seit 1990 so gut wie nicht verändert (Tabelle 1). Mehr Ost- als Westdeutsche sehen den „Sozialismus" prinzipiell als eine gute Idee, nur schlecht ausgeführte Idee an. 2009 bejahten 52 Prozent der Ostdeutschen diese Aussage (Nein: 23 Prozent), während sich bei der westdeutschen Bevölkerung die Positionen die Waage hielten (Ja: 26 Prozent; Nein: 30 Prozent).[13] Auch hier sind die Daten über die Jahre hinweg stabil. Das Demokratieverständnis zwischen dem Osten und dem West weist beträchtliche Unterschiede auf.[14] Daraus kann nicht generell die Existenz einer fehlenden „inneren Einheit" abgeleitet werden.[15] Wer die weltoffene Bürgerkultur der alten Bundesländer gegen die Obrigkeitskultur des Ostens ausspielt, bedient Klischees.

11 Vgl. Eckhard Jesse: Verfassungsschutzberichte der Bundesländer, in: Uwe Backes/ders. (Hrsg.): Jahrbuch Extremismus & Demokratie, Bd. 19, Baden-Baden, 2008, S. 13-34; ders.: Verfassungsschutzberichte des Bundes und der Länder im Vergleich, in: Ders., Demokratie in Deutschland. Diagnose und Analysen, Köln 2008, S. 358-376.

12 Vgl. Uwe Backes: Probleme der Beobachtung und Berichtspraxis der Verfassungsschutzämter - am Beispiel von REP und PDS, in: Bundesministerium des Innern (Hrsg.): 50 Jahre Verfassungsschutz in Deutschland, Köln 2000, S. 213-231; Lars Oliver Michaelis: Politische Parteien unter der Beobachtung des Verfassungsschutzes. Die Streitbare Demokratie zwischen Toleranz und Abwehrbereitschaft, Baden-Baden 2000.

13 Vgl. Renate Köcher (Hrsg.): Allensbacher Jahrbuch der Demoskopie 2003-2009, Bd. 12, Berlin 2009, S. 131.

14 Vgl. Oskar Niedermayer: Bevölkerungseinstellungen zur Demokratie: Kein Grundkonsens zwischen Ost- und Westdeutschen, in: Zeitschrift für Parlamentsfragen 40(2009)2, S. 383-397

15 Vgl. Markus Linden: Innere Einheit. Konjunkturen und Defizite einer Debatte, in: DeutschlandArchiv 42(2009)2, S. 303-313.

Tabelle 1: Demokratieverankerung				
	West		Ost	
	Beste Staatsform	Gibt andere	Beste Staatsform	Gibt andere
1990	81	8	41	19
1991	80	8	31	26
1992	78	6	41	20
1993	75	8	32	30
1994	76	9	31	28
1995	70	12	30	29
1997	69	11	23	37
1998	72	10	29	35
2000	76	9	36	29
2001	75	7	32	30
2004	70	13	29	32
2005	71	9	30	33
2006	71	12	39	24
2008	70	10	38	26
2009	76	9	36	24

Frage: „Glauben Sie, die Demokratie, die wir in der Bundesrepublik haben, ist die beste Staatsform, oder gibt es eine andere Staatsform, die besser ist?"
Quelle: Renate Köcher (Hrsg.): Allensbacher Jahrbuch der Demoskopie, Bd. 12, Berlin/NewYork2009, S. 116.

Die Konflikte in der Bundesrepublik Deutschland werden in einer Mischform aus Konkurrenz- und Konkordanzdemokratie geregelt. Einerseits gibt es meistens klare Regierungsmehrheiten für ein bestimmtes politisches „Lager", andererseits zunehmend Blockaden, die den politischen Entscheidungsprozess verwässern, etwa durch das föderalistische Gefüge (u.a. starke Rolle des Bundesrates).[16] Auf diese Weise wird zunehmend das Wahlergebnis verwässert. Der politische Extremismus profitiert wohl stärker von einer konkordanzdemokratischen Ausrichtung der Konfliktregelung: die linke Variante dadurch, dass demokratische Kräfte sie zum Verfassungsbogen rechnen wollen, die rechte Variante dadurch, dass sie sich über das „Gemauschele" der ähnlich gewordenen „Etablierten" beklagt.

16 Siehe die pointierte Kritik bei Thomas Darnstädt: Konsens ist Nonsens. Wie die Republik wieder regierbar wird, München 2006.

3. Wahlentwicklung des parteiförmigen Extremismus

Bis zur deutschen Einheit waren rechts- und linksextremistische Parteien ohne Chance, in den Deutschen Bundestag einzuziehen, von der Anfangsphase abgesehen. Selbst in den Länderparlamenten war die Repräsentanz einer extremistischen Kraft eine Ausnahme. Dazu gehörte etwa der Erfolg der NPD in sieben Landesparlamente zwischen 1966 und 1968. Das sollte sich nach der deutschen Einheit ändern (Tabelle 2).

Tabelle 2: Ergebnisse der extremistischen Parteien bei den Bundestagswahlen

	1990	1994	1998	2002	2005	2009
NPD	0,3	-	0,3	0,4	1,6	1,5
DVU	-	-	1,2	-	-	0,1
REP[1]	2,1	1,9	1,8	0,6	0,6	0,4
PDS[2]	2,4	4,4	5,1	4,0	8,7	11,9
DKP	-	-	-	-	-	0,0
MLPD	-	0,0	0,0	-	0,1	0,1

Quelle: Amtliche Wahlstatistiken.
[1] Die Partei galt nach Angaben des Verfassungsschutzes 1990 noch nicht und 2009 nicht mehr als rechtsextremistisch.
[2] Die Partei hieß ab 2005 *Die Linkspartei* und heißt seit 2007 (nach dem Zusammenschluss mit der WASG) *Die Linke.*

3.1. Zur rechten Variante des Extremismus[17]:

Im Jahr der deutschen Vereinigung erreichte die 1964 gegründete NPD bei der gesamtdeutschen Bundestagswahl nur 0,3 Prozent, damit die Hälfte weniger als beim letzten Wahlgang vor der Vereinigung. 1994 verzichtete sie gar auf eine Wahlteilnahme. Die Partei erzielte bei den Bundestagswahlen 1998 und 2002 lediglich 0,3 bzw. 0,4 Prozent der Stimmen, überwand damit nicht einmal die für die Parteienfinanzierung wichtige Marke von 0,5 Prozent. Bei den Bundestagswahlen 2005 und 2009 konnte die Partei mit 1,6 und 1,5 Prozent wenigstens ein Wahlergebnis oberhalb der Ein-Prozent-Hürde aufweisen. Da-

17 Vgl. Frank Decker/Viola Neu (Hrsg.): Handbuch der deutschen Parteien, Wiesbaden 2007; Henrik Steglich: Rechtsaußenparteien in Deutschland. Bedingungen ihres Erfolges und Scheiterns, Göttingen 2010; ders.: Aktuelle Bedeutung und Perspektiven rechtsextremer Parteien in Deutschland, in: Totalitarismus und Demokratie 7(2010)1, S. 15-38; Uwe Backes: Rechtsextreme Wahlmobilisierung und Demokratiekonsolidierung im östlichen Deutschland, in: Totalitarismus und Demokratie 4(2007)1, S. 17-43.

bei schnitt sie in den neuen Bundesländern deutlich besser ab als in den alten (2009: 3,1 Prozent in den neuen, 1,1 Prozent in den alten).

An den Wahlen zum Europäischen Parlament, die eher ein Protestvotum begünstigen, nahm die NPD nach der deutschen Einheit dreimal teil: 1994, 1999 und 2004. Die Ergebnisse mit 0,2, 0,4 und 0,9 Prozent fielen ernüchternd aus. Die NPD konnte auch bei Landtagswahlen lange nicht reüssieren. Im Jahre 2004 sollte sich die Erfolglosigkeit der radikalisierten Partei teilweise ändern. Sie zog auf dem Höhepunkt der Kritik an Hartz IV in Sachsen mit 9,2 Prozent in den Landtag ein (2004: 5,6 Prozent) und konnte diesen Erfolg zwei Jahre später in Mecklenburg-Vorpommern fast wiederholen (2006: 7,3 Prozent). Die NPD repräsentiert mit Blick auf Ideologie, Strategie und Organisation einen harten Rechtsextremismus.[18] Unter dem Vorsitzenden Udo Voigt ist in der zweiten Hälfte eine Radikalisierung einer ohnehin schon extremistischen Partei erfolgt. Die NPD die Ende 2010 6.600 Mitglieder hatte[19], ist rassistisch orientiert. Sie will das System überwinden.

Die 1987[20] als Partei ins Leben gerufene *Deutsche Volksunion* (DVU), die mit der NPD 2005 einen - so der vollmundige Name - „Deutschland-Pakt" eingegangen war, kandidierte bei Bundestagswahlen nur zweimal: 1998 erreichte sie 1,2 Prozent, 2009, nach dem Ende des „Deutschland-Paktes", 0,1 Prozent. Beides gilt für die Wahlen zum Europäischen Parlament. Sie kam 1989 auf 1,6 Prozent und zuletzt - 2009 - leidglich auf 0,4 Prozent, obwohl die NPD nicht angetreten war und sie (wenn auch bloß halbherzig) unterstützt hatte. Die DVU überwand bei fünf Landtagwahlen nach der deutschen Einheit die Marke von fünf Prozent[21]: 1991 in Bremen mit 1992 in Schleswig-Holstein mit 6,3 Prozent 6,2 Prozent, 1998 in Sachsen-Anhalt mit 12,9 Prozent, dem besten Ergebnis einer Rechtsaußenpartei in der Geschichte der Bundesrepublik Deutschland, 1999 und 2004 in Brandenburg mit 5,3 und 6,1 Prozent. Die Abgeordneten erwiesen sich in den Parlamenten, nicht nur in Sachsen-Anhalt[22],

18 Vgl. Bundesministerium des Innern (Hrsg.): Verfassungsschutzbericht 2010, Berlin 2011, S. 73.

19 Vgl. Eckhard Jesse: Die NPD und die Linke. Ein Vergleich zwischen einer harten und einer weichen Form des Extremismus, in: Uwe Backes/Alexander Gallus/Eckhard Jesse (Hrsg.), Jahrbuch Extremismus und Demokratie, Bd. 21, Baden-Baden 2009, S. 13-31.

20 Als Verein entstand sie am 18. Januar 1971, auf den Tag genau 100 Jahre nach der Reichsgründung.

21 Dank der für Bremen und Bremerhaven gesondert geltenden Fünfprozentklausel zog die DVU öfter mit einem Sitz in die Bürgerschaft Bremens ein, weil es ihr gelungen war, im strukturschwachen Bremerhaven mehr als fünf Prozent der Stimmen zu erreichen (zuletzt 2007).

22 Vgl. Everhard Holtmann: Die angepassten Provokateure. Aufstieg und Niedergang der rechtsextremen DVU als Protestpartei im polarisierten Parteiensystem Sachsen-Anhalts, Opladen 2002.

als überfordert. Nach dem Rückzug des reichen Immobilienmaklers Gerhard Frey von der Parteispitze wurde unter dem Vorsitzenden Matthias Faust eine Fusion mit der NPD zum 1. Januar 2011 beschlossen. Da diese auf ein Aufgehen der DVU in der NPD hinausläuft, klagt die Minderheit der Partei. Die rechtlichen Streitigkeiten dauern an.

Die 1983 entstandene Partei der *Republikaner* (REP), eine Rechtsabspaltung der CSU, sorgte im Jahre 1989 für großes Aufsehen, als sie mit 7,5 Prozent in das Berliner Abgeordnetenhaus und mit 7,1 Prozent in das Europäische Parlament eingezogen war. Sie wurde Ende 1992 unter dem Vorsitz von Franz Schönhuber als rechtsextremistisch eingestuft, ehe vor einigen Jahren - von Land zu Land unterschiedlich - dieses Etikett fallengelassen wurde. Die Partei nahm an allen Bundestagswahlen im vereinigten Deutschland teil. Die Ergebnisse gingen von Wahl zu Wahl zurück (1990: 2,1 Prozent). Zuletzt (2009) scheiterte die Partei unter ihrem langjährigen Vorsitzenden Rolf Schlierer sogar an der für die Parteienfinanzierung wichtigen Hürde von 0,5 Prozent. Ihr war es nicht mehr gelungen, in allen Ländern die für eine Wahlteilnahme nötigen Unterschriften zusammenzubringen. Die Ergebnisse bei den Wahlen zum Europäischen Parlament wiesen ebenso nach unten, freilich auf einem höheren Niveau. 1994 kam die Partei auf 3,9 Prozent, 2009 auf 1,3 Prozent. Der gleiche Trend gilt für die Bundesländer. Zwar konnte die Partei bei der Landtagswahl in ihrer Hochburg Baden-Württemberg angesichts der seiner Zeit anschwellenden Zahl der Asylbewerber 1992 über 10,9 Prozent erreichen und dieses Ergebnis 1996 (9,1 Prozent) nahezu wiederholen, doch vermochte sie in keinem weiteren Bundesland den Einzug in das Parlament zu schaffen, auch wenn das Scheitern anfänglich knapp war (1990 in Bayern mit 4,9 Prozent und in Hamburg 1993 mit 4,8 Prozent). Selbst in Baden-Württemberg, wo sie mit einer gewissen organisatorischen Festigkeit aufwartete, verlor sie an Einfluss (2001: 4,4 Prozent; 2006: 2,5 Prozent).[23] Durch die Stimmenverluste kehrten ihr radikale Strömungen nach und nach den Rücken zu. Heute ist die Partei, die den Avancen der NPD eine Absage gegeben hatte, zwar nicht mehr extremistisch, wohl aber organisatorisch stark geschwächt. Von Anfang an bestand unter den demokratischen Kräften ein (selbstverständlicher) Konsens, keine Koalition mit den REP einzugehen, schon gar nicht mit den beiden anderen.

23 Vgl. Stephan Thomczyk: Der dritte politische Etablierungsversuch der Republikaner nach 1994, Konstanz 2001.

3.2. Zur linken Variante des Extremismus - und damit fast ausschließlich zur Partei des Demokratischen Sozialismus (PDS), Linkspartei (2005-2007) und zur Linken (seit 2007)[24]:

Mit dem Überspringen der Fünfprozenthürde im Wahlgebiet Ost (11,1 Prozent; Wahlgebiet West: 0,3 Prozent) gelang der PDS wegen der für Ost und West gesondert geltenden Sperrklausel zwar 1990 der Einzug in den Bundestag (bundesweit: 2,4 Prozent). Gleiches gilt für 1994 (die PDS zog mit 4,4 Prozent dank der Alternativklausel in den Bundestag ein) und 1998 (die Partei überwand mit 5,1 Prozent die Fünfprozenthürde). Gregor Gysi nahm nach dieser Bundestagwahl einen nicht nur atmosphärischen Wandel im Verhalten der anderen Parteien gegenüber der PDS wahr, weil „die Ausgrenzungs- und Ablehnungsstrategie offensichtlich erfolglos gewesen war.“[25] Ein Grund für den Wandel sah Gysi darin, „mittels der PDS zu veränderten Konstellationen in den neuen Bundesländern zu gelangen. [...] Einen Koalitionspartner auf Landesebene kann man auch auf Bundesebene nicht wie einen Feind behandeln.“[26] Die PDS war zwar nicht mehr geächtet, aber gleichwohl nicht geachtet.

Auch im Jahre 2002 stand eine Regierungsbeteiligung der PDS nicht zur Diskussion. Selbst die Partei, die vehement gegen ein schwarz-gelbes Bündnis zu Felde zog, ließ im Wahlkampf keinen Zweifel an ihrer Oppositionsrolle aufkommen. „Die PDS bleibt Opposition gegen die derzeit in Deutschland herrschende Politik.“[27] Das Wahlergebnis von 4,0 Prozent war ein Schlag ins Kontor. Da die PDS - im Osten Berlins - nur zwei Direktmandate erreichen konnte, gelang ihr nicht der Wiedereinzug in den Bundestag. Hätte sie ein drittes Direktmandat gewonnen, wäre die Fortsetzung der rot-grünen Koalition unmöglich gewesen. Die wohl unvermeidliche Konsequenz: die Bildung einer großen Koalition. Eben diese Konstellation trat bei der vorgezogenen Bundestagswahl 2005 ein. Die *Linkspartei* steuerte mit dem populär-populistischen Tandem Gysi-Lafontaine einen massiven Anti-„Hartz IV“-Wahlkampf: „Hartz IV steht für Armut und Demütigung per Gesetz. Die Agenda 2010 steht für Wahlbetrug und Entsolidarisierung.“[28] Der Wahlkampf insbesondere gegen „Hartz IV“ zeitigte Früchte: Die Partei gewann 8,7 Prozent. Sie hatte nicht mehr

24 Vgl. Frank Decker/Viola Neu (Hrsg.): Handbuch der deutschen Parteien, Wiesbaden 2007; Eckhard Jesse/Jürgen W. Lang: DIE LINKE - der smarte Extremismus einer deutschen Partei, München2008, S. 109-144.

25 So Gregor Gysi: Ein Blick zurück, ein Schritt nach vorn, Hamburg 2001, S. 112.

26 Ebd.,S. 113.

27 Gabi Zimmer/Roland Claus/Petra Pau/Dietmar Bartsch: „Die andere Politik wählen: PDS. Wahlaufruf zur Bundestagswahl 2002“, in: PDS-Pressedienst, 23. August 2002, S. 3.

28 Für eine neue soziale Idee. Die Linke.PDS, Wahlprogramm zu den Bundestagswahlen 2005, Berlin 2005, S. 5.

den Kardinalfehler des Jahres 2002 wiederholt: statt vor allem die rot-grüne Regierung die Oppositionsparteien CDU/CSU und FDP zu attackieren. Diesmal griff sie frontal die rot-grüne Politik an. Damit gelang es ihr, eine neue Wählerklientel zu erobern. Sie konnte neben den Privilegierten in der DDR vor allem Wähler mit keiner so engen Bindung an die Partei gewinnen, vornehmlich solche mit einem niedrigeren Bildungsniveau, einer stärkeren gewerkschaftlichen Orientierung und höherer Arbeitslosigkeit.[29] SPD und Grünen lehnten eine Koalition mit der *Linkspartei* weiterhin ab. Daher musste eine große Koalition gebildet werden. Bei der Bundestagswahl 2009 profitierte die *Linke* maßgeblich von der Existenz der Großen Koalition, die sie erst indirekt heraufbeschworen hatte. Trotz ihrer 11,9 Prozent der Stimmen konnte sie ein schwarz-gelbes Bündnis nicht verhindern. Sie punktete zumal mit dem Thema der „sozialen Gerechtigkeit" nicht nur im Osten (28,5 Prozent), sondern auch im Westen (8,3 Prozent) und avancierte in zwei Bundesländern sogar zur stärksten Kraft - in Brandenburg mit 28,5 Prozent und in Sachen-Anhalt mit 32,4 Prozent.

Bei den Wahlen zum Europäischen Parlament weisen die Ergebnisse für sie zwar ebenso nach oben - von 4,7 Prozent (1994) über 5,8 Prozent (1999) und 6,1 Prozent (2004) auf 7,5 Prozent (2009) -, aber nicht in dem Maße wie bei den Bundestagswahlen. Ein Grund dürfte darin zu suchen sein, dass die Wählerschaft der *Linken* - zumal in den letzten Jahren - stark von Protestmotiven getragen ist. Diese Klientel ist bei solchen Wahlen mit einer deutlich niedrigeren Beteiligungsquote freilich weniger leicht mobilisierbar.

Die *Linke* zog bei allen Landtagswahlen in die Parlamente der neuen Bundesländer ein. Die Tendenz steigt beständig nach oben. Allerdings schneidet sie in denjenigen Ländern deutlich schlechter ab, in denen sie als Juniorpartner eine Koalition eingegangen war (Mecklenburg-Vorpommern 2002 und Berlin 2006). Freilich konnte sie auch in Sachsen und Brandenburg trotz doppelter Opposition (im Bund wie im Land) bei den letzten Wahlen 2009 ihren Anteil nicht weiter erhöhen: In Sachsen ging ihr Stimmenanteil um 3,0 Punkte auf 20,6 Prozent zurück, in Brandenburg um 0,8 Punkte auf 27,2 Prozent. Gleichwohl bildete die SPD dort mit ihr eine Koalition.

Lange war die PDS bei den Landtagswahlen in den alten Bundesländern eine zu vernachlässigende Größe - sei es, dass sie gar nicht antrat; sei es, dass sie nicht einmal 1,0 Prozent der Stimmen erhielt. Durch den Zusammenschluss der PDS mit der (westlichen) *Wahlalternative Arbeit und soziale Gerechtigkeit*

29 Vgl. Oskar Niedermayer: Die Wählerschaft der Linkspartei.PDS 2005: sozialstruktureller Wandel bei gleich bleibender politischer Positionierung, in: Zeitschrift für Parlamentsfragen 37(2006)3, S. 523-538.

(WASG) im Jahre 2007 ist dies jedoch anders geworden. Bis auf Baden-Württemberg, Bayern und Rheinland-Pfalz gelangte sie überall in die Landtage. Nach dem Erfolg im größten Bundesland Nordrhein-Westfalen (2010: 5,6 Prozent) ist sie nun in 13 von 16 Bundesländern parlamentarisch vertreten. In diesem Land hat sie eine rot-grüne Minderheitsregierung ermöglicht. Im Westen des Landes wurde hier bisher noch keine Koalition unter Einschluss der *Linken* gebildet. Die Grünen, vor die Wahl zwischen einem Bündnis mit schwarz-gelb oder rot-rot gestellt, entschieden sich im Saarland 2009 für die erste Variante. Die Linke, die Ende 2010 73.700 Mitglieder hatte,[30] ist die Partei eines weichen Extremismus mit Blick auf Ideologie, Strategie und Organisation. Durch den Zusammenschluss der Linkspartei mit der westdeutschen WASG ist keine Entradikalisierung eingetreten, eher im Gegenteil. Die Partei, die 2011 ihr erstes Grundsatzprogramm verabschieden will, ist zunehmend durch Flügelkämpfe gekennzeichnet. Vereinfacht ausgedrückt: Den eher gemäßigten ostdeutschen Kräften, stehen eher radikale Kräfte im Westen gegenüber.

Die Ergebnisse für die *Deutsche Kommunistische Partei* (DKP) und die *Marxistisch-Leninistische Partei Deutschlands* (MLPD) sind vernachlässigenswert. Die MLPD trat bei Bundestagswahlen zweimal nicht an (und erreichte ansonsten stets zwischen 0,0 bis 0,1 Prozent), die DKP trat ein einziges Mal an (und kam auf 0,0 Prozent). Die Resultate bei Europa- und Landtagswahlen fallen nicht anders aus.

4. Nicht parteiförmiger Extremismus

4.1. Rechtsextremismus

Zu den gewaltbereiten Rechtsextremisten zählt der Verfassungsschutz etwa 9.500 Personen.[31] Feste rechtsterroristische Strukturen fehlen. Was auf den anderen politischen Strukturen mit der „autonomen Szene“ begonnen hatte, setzt sich nun rechts fort. Seit einigen Jahren haben sich *Autonome Nationalisten* gebildet, die bei Demonstrationen aggressiv auftreten und antimilitaris-

30 Vgl. Bundesministerium des Innern (Hrsg.): Verfassungsschutzbericht 2010, Berlin 2011, S. 134.

31 Vgl. Bundesministerium des Innern (Hrsg.): Verfassungsschutzbericht 2010, Berlin 2011, S.51.

tisch eingestellt sind. Die NPD gilt diesem Milieu als zu brav, angepasst. Die Parallele zum „Schwarzen Block" der Linksextremisten ist offenkundig.[32]

Eine Vielzahl der politisch rechtsmotivierten Gewalttaten geht auf nicht oder nur schwach organisierte Skinheads zurück.[33] Die Aktionen zielen häufig gegen Fremde (nicht zuletzt gegen Asylbewerber). Bei den meisten überwiegend jungen - männlichen - Tätern gab es keinen rechtsextremistischen „Vorlauf". Oft liegt diesen kriminellen Handlungen keine langfristige Planung zugrunde, ist vielmehr Alkohol im Spiel. Die Aktionen sind das Produkt einer nicht verfestigten rechtsextremistischen Subkultur. Trotz martialisch-nationalsozialistischer Kostümierung verficht längst nicht jeder Skinhead das Gedankengut des NS-Systems. Die Skinhead-Szene verliert allerdings allmählich an Bedeutung. Angesichts des scharfen Vorgehens durch den Staat ging die Zahl der fremdenfeindlich motivierten Gewalttaten in den letzten Jahren etwas zurück (Tabelle 3).

Tabelle 3: Gewalttaten mit rechts- oder linksextremistischem Hintergrund

Jahr	rechts	links
1990	178	276
1991	849	361
1992	1.485	439
1993	1.322	445
1994	784	361
1995	612	348
1996	624	398
1997	790	833
1998	708	783
1999	746	711
2000	998	827
2001	709	750
2002	772	385
2003	759	483
2004	776	521
2005	958	896
2006	1.047	862
2007	980	833

32 Vgl. Christian Menhom; „Autonome Nationalisten", in: Uwe Backes/Eckhard Jesse (Hrsg.): Jahrbuch Extremismus & Demokratie, Bd. 19, Baden-Baden 2008, S. 213-225; Marc Brandstetter: Autonome Nationalisten im Vergleich, in: Ebd., Bd. 20, Baden-Baden 2009, S. 185-203.

33 Vgl. Christian Menhorn: Skinheads: Portrait einer Subkultur, Baden-Baden 2001.

2008	1.042	701
2009	891	1.115
2010	762	944
Quelle: Verfassungsschutzbericht des Bundes und Umrechungen.		

4.2. Linksextremismus

Der Verfassungsschutz zählt zu den gewaltbereiten Linksextremisten etwa 6.800 Personen, wobei nur feste Personenzusammenschlüsse erfasst sind.[34] Terroristische Strukturen existieren - anders als in den 1970er und 1980er Jahren - gegenwärtig nicht. Dieser militante Linksextremismus, der sich etwa bei Ausschreitungen am 1. Mai in drastischer Weise zeigt, wird vor allem von der Szene der Autonomen getragen. Ein Teil ist eher antifaschistisch, ein anderer Teil eher antideutsch orientiert. Diese letzte Variante ist erst mit der deutschen Einheit entstanden.

Die „Autonomen" auf der linken Seiten haben sich Anfang der 1980er Jahre aus der „Sponti-Bewegung", einem Zerfallsprodukt der Studentenbewegung, herausgebildet.[35] Ihre Aktionen richten sich häufig gegen „Faschos" und „Bullen". Die Szene der Autonomen, die in manchen westdeutschen Universitätsstädten stark beheimatet ist, bekämpft mit ihren militanten Aktionen das „Schweinesystem". Sie propagiert „Gewalt gegen Sachen", nicht „Gewalt gegen Personen". Zu ihren klandestinen Aktionen zählen schon seit Jahren Brandanschläge auf „Luxusautos". Die Szene ist unzureichend erforscht.[36] Beim „Kampf gegen den Faschismus" ist Gewaltanwendung aus Sicht der Autonomen legitimiert - und nicht nur das. Szenezeitschriften wie *INTERM* und *radikal* rufen dazu auf. Die Mehrzahl der Gewalttaten mit linksextremistischem Hintergrund (Tabelle 3) geht auf die Autonomen und ihr Umfeld zurück. Mit „Massenmilitanz" versucht die Szene zu beeindrucken.

34 Vgl. Bundesministerium des Innern (Hrsg.): Verfassungsschutzbericht 2010, Berlin 2011, S. 116.

35 Vgl. zum Selbstverständnis Geronimo: Feuer und Flamme. Zur Geschichte der Autonomen, 4. Aufl., Hamburg 1995.

36 Vgl. Armin Pfahl-Traughber: Die Autonomen: Portrait einer linksextremistischen Subkultur, in: Aus Politik und Zeitgeschichte B9-10/1998, S. 36-46.

4.3. Islamistischer Fundamentalismus

Die Meinungen über die Gefahr des gewalttätigen islamistischen Fundamentalismus in Deutschland gehen weit auseinander: Sehen die einen eine konkrete Bedrohung, so sprechen die anderen von einer bloß abstrakten Warnung.[37] Zum Teil bestehen die abgeschotteten Netzwerke aus Personen, die aus muslimischen Ländern eingewandert sind, zum Teil aus Konvertiten, die das Missionsbewusstsein des islamistischen Fundamentalismus fasziniert („Homegrown"-Netzwerke). Besonders Aufsehen erregten die - rechtzeitig entdeckten -Anschlagspläne einer so genannten „Sauerland"-Zelle, deren Mitglieder einer usbekischen Islamistischen Dschihad-Union angehörten. Allerdings zeigte die wenig professionelle Art der Vorbereitung Zweifel an der Planungsintensität des Unterfangens.[38]

Bei aller Unterschiedlichkeit der Einschätzungen besteht in einem Punkt Konsens: Die abstrakte Gefährdung durch den islamistischen Fundamentalismus könnte zu einer konkreten werden.[39] Der islamistische Fundamentalismus findet keinerlei Anhang bei militanten Gruppierungen von rechts und links, wie diese nicht durch islamistische Kräfte unterstützt werden.

5. Ergebnis

Die in der Bundesrepublik geltende Konzeption der streitbaren Demokratie unterscheidet sich sowohl von der formalen Demokratie des Weimarer Musters als auch von einem Demokratietyp, der nach außen streitbare Elemente meidet, faktisch aber jedenfalls teilweise für ihre Geltungskraft indirekt Sorge trägt, z.B. dadurch, dass die Bekämpfung in einer „diskreteren", jedenfalls weniger auffälligen Art geschieht.

Wie der Überblick zeigt, gibt es seit dem Wiedervereinigungsjahr 1990 vor allem zwei Parteien, die den demokratischen Verfassungsstaat in Frage stellen: die NPD mit ihren harten Rechtsextremismus und die Linke mit ihrem weichen

37 Vgl. das Forum „Bedrohung und Bedrohungspotential des islamistischen Extremismus", in: Uwe Backes/Eckhard Jesse (Hrsg.): Jahrbuch Extremismus & Demokratie, Bd. 19, Baden-Baden 2008, S. 115-138.

38 Vgl. Michael Logvoniv: Zwischen regionalem und internationalem Terrorismus - der Weg der Islamistischen Dschihad-Union, in: Uwe Backes/Alexander Gallus/Eckhard Jesse (Hrsg.): Jahrbuch Extremismus & Demokratie, Bd. 21, Baden-Baden 2009, S. 180-196.

39 In diesem Sinne Armin Pfahl-Traughber: Das Gefahrenpotential gewaltorientierter Islamisten in Deutschland - eine vergleichende Betrachtung der regional und transnational ausgerichteten Anhänger, in: Uwe Backes/Eckhard Jesse (Hrsg.): Jahrbuch Extremismus & Demokratie, Bd. 18, Baden-Baden 2006, S. 189-206.

Linksextremismus. Lässt diese Diagnose die naheliegende Schlussfolgerung zu, die NPD sei für die deutsche Demokratie eine größere Gefahr als die Linke? Eine Risikoanalyse führte wohl zu einem anderen Ergebnis. Denn die Kriterien, die für einen höheren Grad des Extremismus sprechen, decken sich nicht mit denen für einen höheren Grad der Gefährdung, etwa die Bündnispolitik, die Wahlerfolge, die Koalitionspolitik oder die Akzeptanz bei den Medien. Eine Partei wie die NPD ist bekanntermaßen gesellschaftlich geächtet. Das gilt für die Linke nicht annähernd im gleichen Maße.

Die partielle Absage an das „System" der Bundesrepublik Deutschland durch die *Linke* ist in großen Teilen der Öffentlichkeit kaum bemerkt, geschweige denn kritisiert worden. Extremistische Tendenzen kommen wenig zur Sprache. So konnte sie allmählich immer mehr Reputation erlangen. Wer eine Koalition mit der *Linken* ablehnt, führt meistens das Argument der mangelnden Politikfähigkeit an, nicht aber das Argument der mangelnden Demokratiefähigkeit. Der Zusammenschluss von PDS und WASG zur *Linken* hat in der Öffentlichkeit den fälschlichen Eindruck einer Mäßigung der Partei entstehen lassen, weil die neue Kraft nicht aus den Reihen der SED stammt. Ist die Fremdenfeindlichkeit im Osten stärker ausgeprägt als im Westen (mit einer hohen subkulturellen Gewaltwelle in den ersten Jahren nach der Wiedervereinigung), so dominieren die linken „Autonomen" in den Städten des Westens, weniger in denen des Ostens. Die Gründe für den höheren Grad des Linksextremismus in den neuen Bundesländern - was die Parteienebene betrifft - liegen auf der Hand; die Gründe für den dort höheren Grad des Rechtsextremismus sind sozialisations- (mangelnde Weltoffenheit der DDR-Gesellschaft) und vor allem situationsbedingt (weitaus stärkere Arbeitslosenquote). Der islamistische Fundamentalismus reüssiert stärker im Westen als im Osten, ohne dass von einer akuten Gefahr die Rede sein kann.

Die verschiedenen Formen des gewalttätigen Extremismus sind ähnlich und unterschiedlich zugleich. In den neunziger Jahren ist die Zahl der gewaltbereiten Linksextremisten zurückgegangen, die der gewaltbereiten Rechtsextremisten in die Höhe geschnellt, vor allem in den neuen Bundesländern. Skinheads und „Autonome" weisen einen unterschiedlichen ideologischen Hintergrund auf. Richtet sich die kommunikationsarme rechtsextremistische Gewaltszene vor allem gegen „Fremde" und linke „Zecken", so eint die Autonomen, deren Reflexionsniveau in der Regel ebenso höher ist wie die Planungsintensität, der Hass auf den Staat und auf rechte „Faschisten". Unterschiede in der Tatspezifik (z.B. Überwiegen von Landfriedensbrüchen bei den Autonomen, zahlreiche Brandanschläge und Körperverletzungen bei den Skinheads) gehen zum Teil auf die soziale Charakteristik der Akteure zurück (z.B. niedriges

Durchschnittsalter, niedriger Bildungsstand, Neigung zu körperlicher Gewalt bei den Skinheads; höheres Alter, höherer Bildungsgrad, höhere Planungsintensität bei Autonomen).

Gleichwohl sind die Subkulturen[40] durch gewisse Analogien gekennzeichnet: durch Gewaltbejahung („schwarze Listen") und -anwendung, durch mangelnde Organisationsfestigkeit, durch eine hohe Fluktuationsrate, durch schwammige Weltbilder, durch ihr jugendliches Alter, durch ein beträchtliches Aggressionspotential, durch primitive Feindbilder, durch die Ablehnung der Mehrheitskultur und nicht zuletzt durch ein ähnliches Erscheinungsbild. Nicht immer ist das ideologische Anliegen bei den Gewalttaten erkennbar. Insofern sind die Grenzen zu sozialer Verwahrlosung fließend. „Antifa" und „Anti-Antifa" bekämpfen sich - und brauchen sich doch. Allerdings ist die Fixierung der „Antifa" auf den ideologischen Gegner größer als umgekehrt. Schließlich ist die ohnehin schwächere „Anti-Antifa"-Szene nicht in erster Linie antikommunistisch ausgerichtet. Obwohl beide Milieus den demokratischen Verfassungsstaat ablehnen, gibt es keinerlei Zusammenarbeit zwischen ihnen ihm Kampf gegen ihn. Zwischen den Wahlerfolgen der NPD und rechten Gewalttaten - so zeigt eine empirische Untersuchung - besteht offenbar kein Zusammenhang.[41] Allerdings nahm die linke „Konfrontationsgewalt" danach ebenso zu wie die rechte. Insgesamt ist die linke „Konfrontationsgewalt" stärker als die von rechts. Während Gewalt von rechts eher durch expressive Merkmale geprägt ist (als Mittel der Selbstdarstellung), zeichnet sich Gewalt von links eher durch instrumentelle Merkmale aus (als Mittel zum politischen Zweck).

Nur langsam löst sich das „Stabilitätstrauma"[42] auf. Dabei kann die zweite deutsche Demokratie gelassen in die Zukunft schauen. Sie hat gravierende Probleme gemeistert und gerade dadurch höchst unterschiedliche Formen des Extremismus „entwaffnet". Die Fixierung auf den (Rechts-)Extremismus darf nicht zu einer Vernachlässigung der Schwächen des demokratischen Verfassungsstates führen. Insgesamt besteht für diesen zum gegenwärtigen Zeitpunkt keine Gefahr. Allerdings sind Extremisten interessiert daran, die Deutungsmacht zu erlangen, damit auf diese Weise das politische Koordinatensystem

40 Gibt es zahlreiche Studien zu den rechtsextremistischen Skinheads, so mangelt es an einer wissenschaftlichen Durchdringung der „autonomen Szene", erst recht an Vergleichen. Vgl. jetzt das Kapitel „Wechselseitige Rezeptionen militanter Szenen: Antifa und Anti-Antifa" bei Uwe Backes/Matthias Mletzko/Jan Stoye: NPD-Wahlmobilisierung und politisch motivierte Gewalt. Sachsen und Nordrhein-Westfalen im kontrastiven Vergleich, Köln 2010, S. 160-183.

41 Vgl. für diesen Befund und für die nachfolgenden Aussagen ebd., S. 190-200.

42 So Kurt Sontheimer: Wie stabil sind die pluralistischen Demokratien Westeuropa?, in: Gesine Schwan (Hrsg.): Bedingungen und Probleme politischer Stabilität, Baden-Baden 1988, S. 46.

verschoben werden kann. Im Vergleich zu den meisten EU-Staaten ist die Bundesrepublik Deutschland weniger durch extremistische Kräfte herausgefordert. Das hängt wesentlich mit der Last der Vergangenheit zusammen.

Datenschutzrechtliche Grenzen interner Ermittlungen

Dennis Heinson, LL.M.(UCLA), wissenschaftlicher Mitarbeiter, Universität Kassel

1. Einführung: Sicherheitsrisiken

Wir erleben täglich, wie stark unsere Welt von Informationstechnologie durchdrungen ist. Wenn ein Mailserver streikt, wenn im Stellwerk der Bahn die Computer ausfallen - die Informationstechnologie ist zur kritischen Infrastruktur geworden. Diese Entwicklung prägt natürlich auch das Arbeitsleben. Insbesondere Forschung und Entwicklung sind ohne Informationstechnologie überhaupt nicht mehr vorstellbar. Darin liegt ein großes Risiko. Forschungsdaten und -ergebnisse, Patententwicklungen und andere Geschäftsgeheimnisse, urheberrechtlich geschützte Werke, Kunden- und Mitarbeiterdaten werden in großem Umfang in Smartphones, Mobilcomputern, Arbeitsplatzrechnern, Servern und anderswo gespeichert. Dadurch, dass diese Geräte an das Internet angeschlossen sind, werden sie leicht zum Ziel von Hackerangriffen. Es vergeht mittlerweile kaum ein Tag, an dem nicht ein Thema aus dem Bereich der IT-Sicherheit in den Schlagzeilen wäre. Die gespeicherten Daten zu schützen wird immer wichtiger. Einen drastischen Anstieg von Angriffen auf die IT-Sicherheit belegen auch zahlreiche Studien zu Wirtschaftskriminalität und sogenannten E-Crimes, wie beispielsweise durch IT-Systeme durchgeführte Industriespionage. Diese Studien zeigen aber auch, dass ein ganz wesentlicher Anteil dieser Bedrohungen von sogenannten Innentätern ausgeht, das heißt Tätern aus dem eigenen Haus. Forschungseinrichtungen sehen sich also Risiken aus ganz unterschiedlichen Richtungen ausgesetzt. Die Schäden, die durch eine solche Sicherheitsbedrohung verursacht werden können, sind immens. Insbesondere die Industrie und industrienahe Forschungseinrichtungen müssen sich im internationalen Wettbewerb gegen Konkurrenten durchsetzen, die es oftmals mit Patent-, Urheber- und Markenschutz nicht so genau nehmen. Gerade für das Hochtechnologieland Deutschland ist es aber wichtig, sich durch technischen und wissenschaftlichen Vorsprung auf den Märkten zu behaupten.

2. Datenschutzrecht: Grundproblem Interessenkollision

Unternehmen und andere Forschungseinrichtungen sind wegen dieser Risiken nicht nur gehalten, sich gegen Wirtschaftskriminalität zu wappnen. Sie müssen es sogar. Das Stichwort lautet Compliance. Die Geschäftsleitung ist verpflichtet, ein System zur Gewährleistung des rechts- und regelkonformen Geschäftsbetriebs einzurichten und zu betreiben. Mit anderen Worten: Sie haftet, wenn Mitarbeiter gegen Regeln und Gesetze verstoßen. Die Forschungseinrichtung oder das Unternehmen hat damit nicht nur ein starkes eigenes Interesse daran, Risiken für die Sicherheit von Produkten und Forschungsergebnissen abzuwenden, es besteht sogar die Rechtspflicht, dies zu tun.

Im Zeitalter der weitgehend elektronischen Geschäftsabläufe ist das kaum ohne die Daten von Beschäftigten und anderen Personen möglich. Diese personenbezogenen Daten unterliegen europaweit einem starken grundrechtlichen Schutz, der auch in private Rechtsverhältnisse ausstrahlt. In Deutschland leitet er sich aus dem Grundrecht auf informationelle Selbstbestimmung - dem „Datenschutzgrundrecht“ - ab. Das Bundesverfassungsgericht hat es erstmals in seinem Volkszählungsurteil von 1983 präzise beschrieben. Sein Schutz schlägt sich in den unterschiedlichen Datenschutzregeln nieder und ist auch Teil der betrieblichen Mitbestimmung geworden. Jeder Umgang mit Daten - also insbesondere interne Ermittlungen - muss dementsprechend datenschutzkonform gestaltet werden. Einfach gesagt: Unternehmen und Forschungseinrichtungen dürfen mit den Daten, die in ihren Systemen gespeichert sind, nicht nach eigenem Belieben verfahren. Was sie dürfen, wird durch die Rechte und schutzwürdigen Interessen der Personen begrenzt, um deren Daten es sich handelt. Es entsteht also ein klassischer Interessenkonflikt. Wie viele Daten müssen die Betroffenen preisgeben? Was dürfen Ermittler mit diesen Daten machen? Die genaue Bestimmung der Grenzen ist schwierig.

Wie schwierig es ist, diese Grenzen zu ziehen, zeigen die zahlreichen Datenskandale und Fälle von „Mitarbeiterbespitzelung“, die in den letzten Jahren durch die Presse gegangen sind. Bei allen Skandalen wurden die Datenschutzrechte der Betroffenen nicht hinreichend berücksichtigt - und dies in der Regel unabsichtlich. Dies liegt auch an der unübersichtlichen Rechtslage. Viele Grenzen beim Umgang mit Beschäftigtendaten wurden vor allem durch die Rechtsprechung geprägt. Viele Fragen bleiben bis heute offen. Ich werde gleich auf einige ausgewählte Themenkomplexe eingehen, die immer wieder Unsicherheit erzeugen. Vorab will ich Ihnen aber zum besseren Verständnis kurz einige rechtliche Grundlagen des Datenschutzes erläutern.

3. Rechtliche Grundlagen

Weil das Datenschutzrecht ganz weitgehend den Vorgaben des Bundesverfassungsgerichts aus dem Volkszählungsurteil folgt, hat es einen Teil der dogmatische Konstruktion einer Grundrechtsprüfung übernommen: Jeder Umgang mit Daten ist rechtfertigungsbedürftig, weil er einen Eingriff in das Recht der informationellen Selbstbestimmung beinhaltet. Das Bundesdatenschutzgesetz erklärt in § 4 Abs. 1 dementsprechend jeden Umgang mit Daten erst einmal für unzulässig - sofern nicht eine der zahlreichen Erlaubnisvorschriften greift oder der Betroffene eingewilligt hat.

Solche Rechtsgrundlagen gibt es viele. Ihre Bedeutung und Reichweite ist oft umstritten. Ich möchte kurz die wichtigsten vorstellen: Bereichsspezifisches Datenschutzrecht und Landesdatenschutzrecht gehen dem Bundesdatenschutzgesetz vor (lex specialis-Regel). Ein Beispiel für spezifisches Datenschutzrecht ist das Telekommunikationsgesetz, das viele Vorschriften zum Datenschutz enthält. Im betrieblichen Kontext spielen besonders Betriebs- und (im öffentlichen Dienst entsprechend) Dienstvereinbarungen eine wichtige Rolle. Sie gehen ebenfalls dem allgemeinen Datenschutzrecht vor. Sie abzuschließen hat den Vorteil, dass sie sich noch konkreter als das bereichsspezifische Datenschutzrecht auf die individuellen Eigenschaften und Bedürfnisse des Betriebs oder der Dienststelle anpassen lassen.

Als allgemeines Gesetz kommt ansonsten das Bundesdatenschutzgesetz zur Anwendung, dessen Vorschriften zum Beschäftigtendatenschutz sich gerade in der Novellierung befinden. Ich werde auf die Entwurfsfassungen der einzelnen Neuregelungen gleich vertieft eingehen. Die Vorschriften des Bundesdatenschutzgesetzes sind auch im Falle von speziellen Erlaubnisnormen sowie Personal- und Betriebsvereinbarung weiterhin wichtig - die gesetzliche Konkretisierung im Bundesdatenschutzgesetz wird oft als Maßstab für die Reichweite des grundrechtlichen Schutzes herangezogen. Der aktuelle Gesetzentwurf zur Änderung des Bundesdatenschutzgesetzes ist zudem deshalb interessant, weil er viele Regelungsfragen aufgreift, die bislang nur in der Rechtsprechung behandelt wurden.

Zuletzt kann Datenumgang auch immer über eine Einwilligung der Betroffenen gerechtfertigt werden, was aber besonders in großen Einrichtungen oft an praktischen Problemen scheitert. Denn die Einwilligung muss informiert und schriftlich erfolgen, das heißt die Betroffenen müssen unter anderem die genauen Zwecke des Umgangs mit ihren Daten kennen. Zudem ist die Einwilligung jederzeit widerruflich.

4. Die Reform des Beschäftigtendatenschutzes

An dieser Stelle noch einige kurze Worte zur Reform des Bundesdatenschutzgesetzes. Regelungen zu Beschäftigtendatenschutz sind schon seit Jahrzehnten eingefordert worden. Der Gesetzgeber hat sie immer wieder versprochen, doch nie erlassen. Am Ende der letzten Legislaturperiode konnte man sich ebenfalls nur dazu durchringen, im Rahmen einer der Datenschutznovellen 2009 einen einzigen Paragraphen - quasi als Platzhalter - als § 32 ins BDSG einzufügen. Daher ist es zu begrüßen, dass sich die derzeitige Regierung in ihrem Koalitionsvertrag vorgenommen hat, den Beschäftigtendatenschutz endlich zu umfassend zu regeln. Momentan wird im Bundestag ihr Gesetzentwurf diskutiert, der eine Reihe neuer Paragraphen zum Beschäftigtendatenschutz einführen soll. Damit wird unter anderem bezweckt, einen größeren Kreis der datenschutzrechtlichen Fragestellungen von Beschäftigten zu erfassen und ausdrücklich zu regeln. Der Entwurf gilt auch für Beschäftigte öffentlicher Stellen, also beispielsweise auch in universitären Forschungseinrichtungen (§ 3 Abs. 13 BDSG-E). Für interne Ermittlungen ist der Entwurf besonders interessant: Er kodifiziert viel von dem, was bislang nur umständlich der Rechtsprechung zu entnehmen war. Zudem werden die in ihm enthaltenen Regelungen - das sieht der Entwurf so vor - künftig einen verbindlichen Mindeststandard setzen: Zu Ungunsten der Beschäftigten darf von den gesetzlichen Regelungen auch im Rahmen von Betriebs- und Dienstvereinbarungen nicht abgewichen werden (§ 321 Abs. 5 BDSG-E).

5. Ausgewählte Rechtsprobleme

a) Datenabgleiche

Datenabgleiche sind ein brisantes Thema, weil sie Gegenstand eines der größten Datenskandale gewesen sind: dem bei der Deutschen Bahn AG. Die Bahn hatte sogenannte Screenings durchführen lassen, systematisch und automatisiert ausgewertete Vergleichsreihen von elektronischen Daten Beschäftigter. Presseberichten zufolge wurde zum Beispiel geprüft, ob Verbindungen zwischen Mitarbeitern und Zulieferern bestehen. Solche Verbindungen können Indikatoren für Korruptionstaten sein - müssen es aber nicht. Ziel war, so die Presse, Verdachtsfälle zu finden, die dann durch interne Ermittlungen weiter verfolgt werden sollten.

Abgleiche laufen - allgemein gesagt - folgendermaßen ab: Daten werden aus unterschiedlichen Quellen (innerhalb oder außerhalb der Einrichtung) beschafft und kombiniert. Sie können dabei - optional - pseudonymisiert oder anonymisiert werden, dazu gleich mehr. Anhand vordefinierter Suchmuster, sogenannter „Fraud Patterns" werden die zusammenkopierten Daten dann mit dem Computer analysiert. Die Suchmuster sind in der Regel so gestaltet, dass sie Abweichungen vom erwarteten Verhalten beschreiben, die auf Regelverstöße hinweisen. Ermittler können dann an die Trefferfälle anknüpfen, die der Computer ausgibt. Die Treffer haben für interne Ermittlungen lediglich Hinweischarakter: Den Beweis für einen Regelverstoß können sie nicht erbringen.

Datenabgleiche sind datenschutzrechtlich sehr problematisch. Kritiker sehen alle Betroffenen einem Generalverdacht ausgesetzt - und dies anlasslos. Die Situation wird noch dadurch erschwert, dass es bislang keine ausdrückliche gesetzliche Regelung von Datenabgleichen gibt, die Ermittlern oder Betroffenen Hinweise zur erlaubten Art und zum erlaubten Umfang geben. Die Zulässigkeit richtet sich nach dem allgemeinen § 32 Abs. 1 Satz 2 BDSG für betroffene Beschäftigte und gleichzeitig für alle anderen Betroffenen nach § 28 BDSG. Andere Betroffene sind etwa Angehörige, Lieferanten, usw.

Im Regierungsentwurf zum Beschäftigtendatenschutz soll dies nun geändert werden. Ein gesonderter Absatz 3 von § 32 d BDSG-E enthält eine ausdrückliche Regelung von Datenabgleichen: Sie sollen dem Wortlaut nach ohne Einschränkungen möglich sein, solange Daten anonymisiert und pseudonymisiert werden. Das ist eine gewagte Konstruktion. Denn es gibt umfangreiche höchstrichterliche Rechtsprechung, die nicht berücksichtigt wurde, insbesondere die zur staatlichen Rasterfahndung. Der Normentwurf lässt viele der Kriterien, die in Urteilen zu diesem Problembereich aufgestellt wurden, einfach außer Acht. Mit der alleinigen Einschränkung, Daten seien zu pseudonymisieren oder zu anonymisieren, wird ihr nicht ausreichend entsprochen. Dementsprechend wurden auch bereits Zweifel an der Verfassungsmäßigkeit der Vorschrift laut. Auch für den Rechtsanwender wären Regelungen über den erlaubten Umfang von Datenabgleichen hilfreich gewesen. So verbleibt eine große Unsicherheit über das, was erlaubt ist. Für Unternehmen und Forschungseinrichtungen macht es deshalb Sinn, Datenabgleiche mittels Dienst- oder Betriebsvereinbarungen zu regeln. Hier hat man die Chance, angepasste Regelungen zu schaffen, die einschränkende Kriterien enthalten und so auch einer gerichtlichen Prüfung standhalten.

Noch einige Worte zu Pseudonymisierung und Anonymisierung: Beides ist praktisch nur schwer einsetzbar. Untersuchen Ermittler anonyme Daten, weisen die Trefferfälle überhaupt keinen Bezug zu konkreten Personen auf. Der

Aussagegehalt der Ergebnisse ist deshalb sehr gering und für Ermittlungen nur sehr begrenzt nutzbar. Pseudonymisierung wiederum ist sehr komplex. Die Legaldefinitionen im Bundesdatenschutzgesetz erfordern, dass Ermittler bei Abgleichen mit pseudonymen Daten keine Kenntnis der Personen haben, die abgeglichen werden. Das heißt, der Abgleich wird mit Daten durchgeführt, die für die Ermittler anonym sind, da der Personenbezug entfernt und durch eine sogenannte Zuordnungsregel ersetzt wurde. Diese Zuordnungsregel darf den Ermittlern nicht bekannt sein. Eine Dritte - unabhängige - Stelle muss dafür sorgen, dass die Zuordnungsregel nur im Trefferfall herausgegeben wird.

b) Internet- und E-Mailkontrolle

Interne Ermittlungen können erfordern, die Internet- und E-Mailnutzung der Beschäftigten zu kontrollieren. Die Rechte des Arbeitsgebers zur Kontrolle unterscheiden sich sehr stark, je nachdem ob sie die rein betriebliche oder auch die private Kommunikation erfasst. In der Realität wird die betriebliche Informations- und Kommunikationsinfrastruktur häufig mit Erlaubnis des Arbeitgebers parallel für betriebliche und private Zwecke genutzt. Dabei ist von außen nicht erkennbar, welchen Charakter der jeweilige Kommunikationsakt hat. Auf die Kontrollbefugnisse des Arbeitgebers hat diese Mischnutzung erhebliche Auswirkungen. Vereinfacht gesagt, darf ausschließlich die betriebliche Kommunikation des Arbeitnehmers vom Arbeitgeber kontrolliert werden, nicht aber die private. Selbst im Verdachtsfall ist die Kontrolle der privaten Kommunikation ausgeschlossen.

Mit technischen Mitteln kann allerdings zwischen privater und betrieblicher Internet- oder E-Mail-Nutzung nicht unterschieden werden. Deshalb greift das Kontrollverbot bei einer Mischnutzung auch im Verdachtsfall auf die betriebliche Kommunikation über. Das gespeicherte Nutzungsdatum über den Aufruf einer Suchmaschine kann zum Beispiel keiner bestimmten Sphäre eindeutig zugeordnet werden. Auch eine E-Mail, die zwischen Kollegen geschrieben wird, kann durchaus private Inhalte enthalten.

Bei der betrieblichen Kommunikation ist die Kontrolle bei Missbrauchsverdacht unter den Voraussetzungen des § 32 Abs. 1 Satz 1 BDSG zulässig. Maßgeblich ist nach dieser Norm die Frage der Erforderlichkeit der Kontrollmaßnahme für die Aufdeckung der Verletzung arbeitsvertraglicher Pflichten. Liegt der Verdacht der Begehung einer Straftat vor, so müssen die Voraussetzungen des § 32 Abs. 1 Satz 2 BDSG erfüllt sein.

Der Gesetzesentwurf zum Beschäftigtendatenschutz differenziert stärker. Es wird im Verdachtsfall zwischen heimlich und offener Kontrolle unterschieden. § 32 i BDSG-E setzt die Kenntnis des Beschäftigten von dem Umgang mit seinen Daten voraus, während § 32 e BDSG-E dem Arbeitgeber die Möglichkeit einer Datenverarbeitung ohne Kenntnis des Beschäftigten bietet.

Mit vorheriger Kenntnis der Beschäftigten ist es dem Arbeitgeber gemäß § 32 i Abs. 1 Nr. 3 BDSG-E gestattet, Daten über die Umstände der Telekommunikation zu einer stichprobenartigen oder anlassbezogenen Leistungs- oder Verhaltenskontrolle zur verwenden, soweit wiederum keine Anhaltspunkte an einem überwiegenden schutzwürdigen Interesse des Beschäftigten bestehen. Die gleichen Zulässigkeitsvoraussetzungen gelten gemäß § 32 i Abs. 3 Satz 2 BDSG-E für die Kontrolle der Inhalte der Kommunikation. Ist die Telekommunikation bereits abgeschlossen, richtet sich die Zulässigkeit gemäß § 32 i Abs. 4 BDSG-E wiederum nach § 32 c und § 32 d BDSG-E - den allgemeinen Vorschriften.

Heimliche Kontrolle ist dagegen nur unter den Voraussetzungen des § 32 e BDSG-E möglich. Die Beschäftigtendaten dürfen außerhalb der Telekommunikation verwendet werden, wenn ein begründeter Verdacht einer Straftat oder einer anderen schwerwiegenden Pflichtverletzung besteht, die den Arbeitgeber zu einer Kündigung des Arbeitnehmers aus wichtigem Grund berechtigen würde. Die Erhebung muss außerdem zur Aufdeckung oder Verhinderung weiterer Taten erforderlich sein. Abs. 3 der Norm schreibt zudem die strenge Beachtung des Verhältnismäßigkeitsgrundsatzes vor und Abs. 4 legt absolute Grenzen der Zulässigkeit in Bezug auf die Dauer der Kontrollmaßnahme und die einsetzbaren technischen Mittel fest.

Die Rechtslage ändert sich gegenüber der bisherigen Regelung in § 32 Abs. 1 Satz 2 BDSG vor allem durch die Erweiterung der zulässigen Kontrollzwecke. Die heimliche Kontrolle dürfte dann nicht mehr nur zur Aufdeckung, sondern auch zur Verhinderung und nicht nur von Straftaten, sondern auch von schwerwiegenden Pflichtverletzungen durchgeführt werden. Zukünftig wäre grundsätzlich auch bei Missbrauchsfällen eine heimliche Kontrolle möglich. Es muss allerdings streng geprüft werden, ob beim Nachweis eines Missbrauchs eine Kündigung aus wichtigem Grund gemäß § 626 BGB möglich wäre. Die Möglichkeit einer Abmahnung reicht nicht aus. In Bezug auf die Kontrolle zur Aufdeckung von Straftaten werden keine wesentlichen Änderungen im Vergleich zur bisherigen Rechtslage eintreten. Die zusätzlichen Anforderungen und Grenzen in Abs. 3 und Abs. 4 beinhalten die Aspekte, die bisher von der Rechtsprechung in die Verhältnismäßigkeitsprüfung einbezogen worden sind. Sie übernehmen somit eine Klarstellungsfunktion.

c) Videoüberwachung

Auch die „optisch-elektronische" Überwachung von Verkaufsstätten war mehrmals Gegenstand von „Bespitzelungsskandalen". Das liegt sicher auch daran, dass bislang keine gesetzliche Regelung zur Videoüberwachung von Betriebsstätten existiert. Lediglich die Videoüberwachung von öffentlich zugänglichen Gebäuden ist in § 6 b BDSG geregelt. Es existiert aber - wie bei Datenabgleichen - umfangreiche Rechtsprechung zu dem Thema. Der Entwurf eines § 32 f BDSG soll diese Rechtsprechung nun aufgreifen und die „offene" Videoüberwachung regeln, das sind die Fälle in denen sie dem Betroffenen erkennbar ist. Ein § 32 e BDSG-E soll entsprechend für die heimliche Videoüberwachung gelten.

Die wesentlichen Eckpunkte in § 32 f BDSG-E sind: Es muss zunächst erkennbar sein, dass ein Bereich durch eine Videokamera überwacht wird (Abs. 1 Satz 2). Dabei ist schon jetzt unklar, ob ein „Hinweis am Werkstor" genügt oder der Erfassungsraum jeder Kamera gekennzeichnet werden muss. Videoüberwachung ist außerdem nur zu den abschließend aufgezählten Zwecken zulässig, die aber sehr allgemein gehalten sind. Unter „Schutz des Eigentums" beispielsweise lässt sich viel verstehen. Zudem muss sie der Wahrung wichtiger Betriebsinteressen dienen (jeweils Abs. 1 Satz 1). Es gibt außerdem noch eine einschränkende Regelung, die ausdrücklich verbietet, gewisse Bereiche (etwa Sanitäranlagen) zu überwachen (Abs. 2). Zuletzt enthält die Vorschrift eine Abwägungsklausel: Es dürfen nach Art und Ausmaß der Videoüberwachung keine Anhaltspunkte dafür bestehen, dass schutzwürdige Interessen der Betroffenen an ihrem Ausschluss überwiegen (Abs. 1 Satz 1). Diese Formulierung fand sich ähnlich auch in den bisher geltenden Vorschriften. Sie steht dem Ziel der Rechtssicherheit entgegen. Einfach gesagt: Der Jurist kann nicht einfach subsumieren, er muss zusätzlich noch abwägen. Dass Arbeitgeber und Beschäftigte dabei leicht zu anderen Ergebnissen kommen können, liegt auf der Hand. Es wird deshalb weiterhin bei der Rechtsprechung liegen, hier die Grenzen abzustecken. Bei einem Blick auf die bisherige Rechtsprechung verwundert es, dass das wichtige Kriterium „Anlass" in dem Normentwurf völlig fehlt. Denn Videoüberwachung ist grundsätzlich leichter zu rechtfertigen, wenn die Betroffenen hierzu einen Anlass gegeben haben.

Verdeckt darf Videoüberwachung nur zur Aufdeckung von Straftaten und anderen schwerwiegenden Pflichtverletzungen durchgeführt werden, wie § 32 e BDSG-E vorschreibt. Hinzu kommt, dass jede Ermittlung mit heimlicher Videoüberwachung verhältnismäßig sein muss. Doch was heißt „verhältnismäßig"? Der Begriff stammt aus dem Verfassungsrecht. Das Gesetz konkretisiert ihn - auch in der Neufassung - leider nur wenig. Die vielen unbestimmten Tatbestandsbegriffe und Abwägungsklauseln, sowie der ausdrückliche Gebrauch des Wortes „verhältnismäßig" lassen viel Raum für Auslegung. Es bleibt viel Unsicherheit über die erlaubte Art und den erlaubten Umfang der Datenverarbeitung.

6. Zusammenfassung: Rechtmäßigkeitskriterien für interne Ermittlungen

Ermittler benötigen eine sichere Grundlage, auf der sie arbeiten können. In vielen Unternehmen besteht insbesondere wegen der zahlreichen Datenskandale eine große Unsicherheit in Bezug auf das Datenschutzrecht. Auch bei der geplanten Neuregelung bleiben viele Fragen offen. Häufig bleibt nur, sich an der Rechtsprechung zur Überwachung zu orientieren. Sie enthält viele Kriterien zur Rechtmäßigkeit, die bei der Bestimmung der datenschutzrechtlichen Grenzen interner Ermittlungen helfen können. So können sie dazu dienen, unternehmensweite Richtlinien zu internen Ermittlungen aufzustellen, oder bei der konkreten Formulierung von Betriebs- und Dienstvereinbarungen helfen.

Das wichtigste Kriterium ist: die Zahl der Betroffenen. Als Grundsatz müssen interne Ermittlungen immer auf so wenige Personen wie möglich begrenzt werden. Zum Beispiel lassen sich Datenabgleiche auf Abteilungen beschränken, die besonders korruptionsgefährdet sind, oder in denen es bereits zu Vorfällen gekommen ist. Im Fall der Videoüberwachung sollten nur Räume erfasst werden, denen ein besonderes Risiko für die Begehung von Straftaten oder schwerwiegenden Pflichtverletzungen immanent ist, wie etwa der Kassenbereich.

Ein weiteres wichtiges Kriterium ist der Anlassbezug. Ich hatte vorhin angesprochen, dass Beschäftigte sich nicht generalverdächtigt fühlen dürfen. So sollten Maßnahmen immer nur gegen diejenigen gerichtet werden, die hierfür einen Anlass gesetzt haben. Aber auch Ermittlungen „ins Blaue hinein" sind grundsätzlich nicht zulässig, weil Betroffene dadurch den Eindruck erhalten, sich auch durch regelkonformes Verhalten nicht der Beobachtung entziehen zu können. In diesem Zusammenhang steht auch die Pflicht zur Dokumentation von internen Ermittlungen.

Ein letztes wichtiges Kriterium ist die Senkung der Intensität der Beeinträchtigung der Betroffenen. Sie lässt sich beispielsweise durch die Begrenzung auf gewisse Arten personenbezogener Daten einschränken. Ermittler müssen acht geben, ob genau die Daten, die sie verwenden wollen, auch für die Ermittlung erforderlich sind. Die Intensität kann auch gesenkt werden, indem die

Dauer oder Häufigkeit von Ermittlungen minimiert wird. Noch geringer wird sie, wenn sie den Betroffenen bekannt sind. Zuletzt ist entscheidend, welche Nachteile tatsächlich drohen oder von den Betroffenen befürchtet werden. Um Befürchtungen zu senken, helfen klare Richtlinien und deren Kommunikation an die Betroffenen.

Ich möchte noch einmal kurz zusammenfassen: Interne Ermittlungen müssen sich am Datenschutzrecht messen. Auch wenn die vorgeschlagenen zahlreichen neuen Regelungen zum Beschäftigtendatenschutz Gesetz werden, bleiben viele Fragen offen. Hier kann man sich, wie gezeigt, an den Kriterien der Rechtsprechung orientieren. Gehen Unternehmen und Forschungseinrichtungen maßvoll vor, steht effektiven Ermittlungen und damit dem Schutz ihrer wichtigen Interessen nichts im Wege.

Universität Kassel

Datenschutzrechtliche Grenzen interner Ermittlungen

Dennis Heinson, LL.M. (UCLA)
Attorney-at-Law (New York)

Sicherheitskonferenz
Sicher forschen und entwickeln
14. April 2011
TU Bergakademie Freiberg

Übersicht

provet

Universität Kassel

- Sicherheitsrisiken
- Interessenkollision
- Datenschutzrechtliche Grenzen
- Datenschutzkonforme Gestaltung

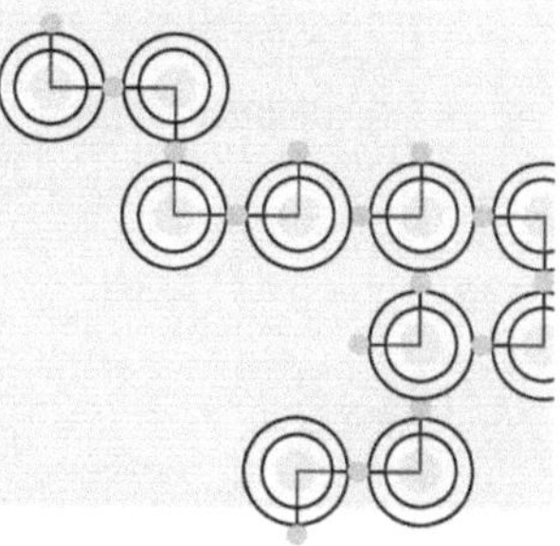

Sicherheitsrisiken

Universität Kassel

Schutzobjekte

Unternehmen: Geschäftsgeheimnisse, Kunden-/Mitarbeiterdaten

Forschungsinstitute: Forschungsdaten und -ergebnisse, Patententwicklungen

Externe Sicherheitsrisiken

Systemschutz: Firewalls, Virenschutz, Verschlüsselung

&

Interne Sicherheitsrisiken

Mitarbeiterkontrolle: Datenabgleich, Internet- und E-Mailkontrolle, Zugriffsprotokolle, Videoüberwachung

Interessenkollision

Universität Kassel

Unternehmen/Forschungseinrichtung

Eigenes Interesse:
Schutz von Betriebs- und Geschäftsgeheimnissen, Forschungsergebnissen (bspw. Art. 12, Art. 5 III, Art. 14 GG)

Fremdes Interesse:
Rechtspflicht zur Einhaltung von Gesetzen (Compliance)
Rechtspflicht zum Schutz der Persönlichkeitsentfaltung der Arbeitnehmer

Beschäftigte

- Grundrecht auf informationelle Selbstbestimmung gem. Art. 2 I i.V.m. Art. 1 I GG
- Recht am eigenen Wort und Bild gem. Art. 2 I i.V.m. Art. 1 I GG

Datenschutzrechtliche Grenzen

Universität Kassel

Grundsatz: Ohne Erlaubnis ist der Umgang mit personenbezogenen Daten unzulässig und rechtswidrig.

Rechtsgrundlagen erlaubter Datenverarbeitungen

- Bereichsspezifische Vorschriften (auch: Landes-DSG)
- Betriebs- und Dienstvereinbarungen (§ 32l V BDSG-E beachten)
- Bundesdatenschutzgesetz
  - Aktuelle Rechtslage: § 32 BDSG
  - Gesetzentwurf: §§ 32 bis 32l BDSG-E, § 3 Abs. 13 BDSG-E: Auch öffentliche Stellen!
- Einwilligung der Betroffenen

Datenabgleich

Universität Kassel

1. Daten aus unterschiedlichen Quellen der Organisation kombinieren
2. (Daten anonymisieren/pseudonymisieren)
3. Suchmuster definieren (ggf. mit Data Mining)
4. Muster („fraud patterns") auf Daten anwenden
5. Abweichungen von erwartetem Verhalten feststellen
6. Ergebnis: Verdächtige Personen

Datenabgleich

Universität Kassel

Aktuelle Rechtslage: § 32 I 2 BDSG

- Maßnahmen zur Ermittlung von Straftaten
- Tatsächliche Anhaltspunkte für Verdacht
- Kein überwiegendes Interesse des Beschäftigten

Gesetzentwurf: § 32d III BDSG-E

- Nur anonymisierte oder pseudonymisierte Daten

- Kein Verdacht erforderlich!
- Schwerwiegende Pflichtverletzungen
- Dokumentations- und Unterrichtungspflicht

Internet- und E-Mailkontrolle

Universität Kassel

Aktuelle Rechtslage

	Private Kommunikation	Betriebliche Kommunikation	Gemischte Kommunikation
Verdachtsfall	Unzulässig	Straftat: Zulässig gem. § 32 I 2 BDSG Missbrauch: Zulässig gem. § 32I 1 BDSG	Unzulässig

Gesetzentwurf

	Betriebliche Kommunikation			
	Während der Telekommunikation		Nach Abschluss der Telekommunikation	
	Umstände	Inhalte	Umstände	Inhalte
Verdachtsfall	Offen: § 32l I Nr. 3 BDSG-E Heimlich: § 32e II BDSG-E	Offen: § 32l III 2 BDSG-E Heimlich: § 32e II BDSG-E	Offen: § 32l IV BDSG-E verweist auf § 32c BDSG-E: Erhebung, § 32d BDSG-E: Verarbeitung und Nutzung Heimlich: § 32e II BDSG-E	

Videoüberwachung

Universität Kassel

Nicht- öffentlich zugängliche Gebäude **(öffentlich zugänglich § 6b bdsg)**

Aktuelle Rechtslage

- Richterrecht

Gesetzentwurf

- Offen gem. § 32f BDSG-E
  - Zu abschließend geregelten Zwecken
  - Wahrung wichtiger Betriebsinteressen
  - Erkennbarkeit
  - Unzulässig in Räumen privater Lebensgestaltung (Sanitär- und Umkleideräume)
- Verdeckt gem. § 32e BDSG-E
  - Straftaten oder schwerwiegende Pflichtverstöße
  - Verhältnismäßigkeit
  - Unzulässig in Räumen privater Lebensgestaltung

Gestaltung datenschutzkonformer Ermittlungen

provet

Universität Kassel

- Zahl der Betroffenen
  - Anonyme und pseudonyme Daten
  - Begrenzung der Datenquellen
  - Gruppenzuordnung des Verdächtigen
- Anlass
  - Konkreter Verdacht (keine Ermittlung „ins Blaue hinein“)
  - Dokumentation verdachtsbegründender Tatsachen

- Intensität
  - Keine besonderen Arten personenbezogener Daten
  - Begrenzte Dauer und Häufigkeit
  - Befürchtete und tatsächliche Nachteile (Aufklärung)

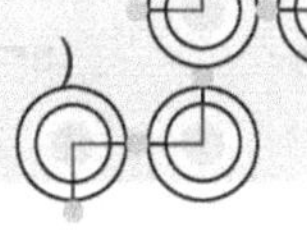

Literatur

provet

Universität Kassel

- Heinson, Compliance durch Datenabgleiche, BB 2010, S. 3084
- Heinson/Sörup/Wybitul, Der Regierungsentwurf zur Neuregelung des Beschäftigtendatenschutzes, CR 2010, S. 751

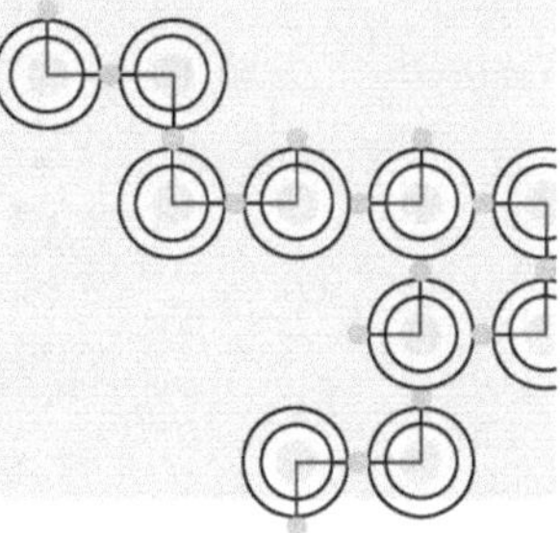

Kontakt

Universität Kassel

Vielen Dank für Ihre Aufmerksamkeit.

Universität Kassel,
Projektgruppe verfassungsverträgliche Technikgestaltung (provet)

Dennis Heinson
Wilhelmshöher Allee 64-66
34109 Kassel

Tel: +49 (0)561/804 6080
Fax: +49 (0)561/804 6081

dennis.heinson@uni-kassel.de

Wissenschaftsspionage: Risiken für den Forschungsstandort Deutschland in einer offenen globalen Informationsgesellschaft

Reinhard Boos, Präsident Landesamt für Verfassungsschutz Sachsen

2006 verabschiedete die Bundesregierung die „Hightech-Strategie für Deutschland“ mit dem Ziel, Deutschland als Vorreiter für die Lösung der globalen Herausforderungen zu etablieren. Neben den Schwerpunkten Gesundheit/Ernährung, Klima/Energie, Mobilität, Kommunikations- und Informationstechnologien, Sicherheit (zivile Sicherheitsforderungen, Friedens- und Konfliktforschung) gehören insbesondere auch die Schlüsseltechnologien Biotechnologie, Nanotechnologie, Werkstofftechnologie, Optische Technologien, Produktionssysteme und -technologien sowie die Luft-und Raumfahrt dazu. Die Innovationen deutscher Forschungs- und Entwicklungseinrichtungen sind seit jeher eine tragende Säule für den Erfolg der deutschen Wirtschaft und heute mehr den je begehrtes Ziel wissenschaftlicher und wirtschaftlicher Konkurrenz. Internationale Forschungskooperationen rücken dabei in den Mittelpunkt des Interesses, nicht nur von Konkurrenten, sondern auch von Nachrichtendiensten. Deshalb ist es notwendig, sich nicht nur mit den Chancen der Forschungskooperation, sondern auch mit den Risiken ungewollten Informationsabflusses zu beschäftigen. Seit einiger Zeit ist zu beobachten, dass die Bereiche Wirtschaftpolitik und Hochtechnologie ins Zentrum der Aufklärungs-und Beschaffungsbemühungen einiger fremder Nachrichtendienste rücken. Während wirtschaftsnahe Forschungsergebnisse und konkrete Produkte im Blickfeld von Staaten mit Technologierückstand stehen, haben es hochindustrialisierte Länder in erster Linie auf wirtschaftliche oder wirtschaftspolitische Strategien abgesehen. Kooperationen in Wissenschaft und Forschung sind solange erwünscht, wie sie nicht missbräuchlich genutzt werden. Sogenannte Risikostaaten (z. B. Iran, Nordkorea, Syrien, Pakistan) können den freien Austausch zwischen Institutionen dazu nutzen, sich so das Know-how zu verschaffen, dass sie in die Lage versetzt, Technologien für Massenvernichtungswaffen und Trägersysteme zu entwickeln. Wir sprechen dann von Proliferation, der Weiterverbreitung von atomaren, biologischen und chemischen Massenvernichtungswaffen sowie der entsprechenden Trägersysteme, einschließlich des dafür erforderlichen Know-how. Wenn wir von Wirtschaftsspionage oder am heutigen Tag über Wissenschaftsspionage sprechen, verstehen wir darunter die von fremden Nachrichtendiensten ausgehende oder mit nachrichtendienstlichen

Mitteln betriebene langfristige Ausforschung von Wirtschaftsunternehmen, Firmen oder auch Instituten der Universitäten. Im Gegensatz dazu fällt die Konkurrenzspionage (Industriespionage), die Ausspähung durch konkurrierende Unternehmen gegeneinander, nicht in den vom Sächsischen Verfassungsschutzgesetz beschriebenen Aufgabenbereich der Verfassungsschutzbehörden, zumindest solange, wie es keine Hinweise auf einen nachrichtendienstlichen Hintergrund gibt. Für Konkurrenzspionage ist die Polizei zuständig.

Was ist über den Schaden bekannt, der durch Spionage in den Bereichen Wirtschaft und Wissenschaft verursacht wird?

Es gibt keine zuverlässigen Erkenntnisse über die Höhe eines finanziellen Schadens im Bereich der Wissenschaft, da Forschungsergebnisse zunächst nicht finanziell gemessen werden. Für den Bereich der Wirtschaftsspionage gibt es verschiedene Zahlen, diejedoch nicht immer zuverlässig sind. Das Sicherheitsforum Baden-Württemberg beauftragte im Jahr 2002 die Universität Lüneburg mit der Erstellung einer Studie zur „Fall& Schadensanalyse bezüglich Know-how-/Informationsverlusten in Baden-Württemberg ab 1995". Im Schlussgutachten kommt die Universität Lüneburg zu dem Fazit, dass das Gefährdungspotential, d.h., „die als Potential nutzbaren Wettbewerbsvorteil(e), die sich eine Firma geschaffen hat und die grundsätzlich von einer anderen Unternehmung im Wettbewerb verwendet werden können"[1], im Jahr 2002 in der Bundesrepublik Deutschland bei etwa 50 Milliarden Euro lag. Der finanzielle Verlust deutscher Firmen durch ungewollten Informationsabfluss insgesamt, sowohl durch Konkurrenz-als auch Wirtschaftsspionage, betrug ca. sieben bis acht Milliarden Euro. Die finanziellen Aufwendungen für die Sicherheit schutzbedürftiger Informationen beliefen sich hingegen nur auf etwa ein Drittel des finanziellenVerlustes.

Neben dem wirtschaftlichen Schaden entstehen den betroffenen Firmen bzw. Institutionen aber häufig auch ein Imageschaden und der Verlust einzelner Auftraggeber, in Einzelfällen droht die Aufhebung von wissenschaftlicher oder technischer Kooperation. Unabhängig von den Erhebungen zur Schadenshöhe infolge von Konkurrenz-/Wirtschaftsspionage belegen die Erkenntnisse der Verfassungsschutzbehörden, dass es ein Interesse ausländischer Nachrichtendienste an Forschungsergebnissen deutscher Institutionen gibt.

1 Universität Lüneburg, Fall-und & Schadensanalyse bezüglich Know-how-/Informationsverlusten in Baden-Württemberg ab 1995, S. 25.

Wie werden heute Informationen beschafft? Wo liegen die Gefahrenpotenziale?

Vorweg, der klassische Einsatz eines Agenten, der konspirativ aus einer Legalresidentur (Botschaft oder Konsulat) heraus agiert, hat noch nicht ausgedient. Aber in der heutigen offenen globalen Informationsgesellschaft lauern auch andere Gefahren. Vielleicht nehmen Sie an Studiengängen, wissenschaftlichen Projekten, Vortragsveranstaltungen, Ausstellungen, Symposien und Workshops teil, nutzen Mobiltelefone, das Internet, Datenbanken und vielleicht sogar soziale Netzwerke oder andere Foren. Hier gibt es eine Vielzahl von frei zugänglichen Informationen, die im Beschaffungsinteresse fremder Nachrichtendienste liegen, gesammelt und ausgewertet werden. Informationen werden in der offenen globalen Informationsgesellschaft aber auch konspirativ beschafft. Der Einsatz von Agenten, die Überwachung der Telekommunikation und das Eindringen in Informationssysteme sind wichtige Mittel der Spionage. Der Anschluss eines Firmennetzwerkes an das Internet ermöglicht vielfältige Angriffsmethoden der „electronic attacks":

- Schadprogramme in E-Mails, Infizierte Webseiten, Phishing, Hacking mittels USB-Trojanern (Stuxnet), Keylogger schreiben die Tasturanschläge mit,
- Abhören von VoIP (Voice over IP, Telefonieren über das Internet),
- Bluetooth-und WLAN-Hacking, Hardwaremanipulationen.

Die Mühe, die heute in einen elektronischen Angriff investiert werden muss, ist sehr viel geringer als der Schutz vor einem solchen Angriff. Leider werden die Sicherheitsmaßnahmen zumeist unter dem Kostenaspekt gesehen. Aber das in der heutigen Technik steckende Gefahrenpotenzial ist nicht zu unterschätzen.

Studien belegen aber auch, dass die größte Gefahr oftmals vom eigenen Mitarbeiter ausgeht, der vielleicht unzufrieden mit seiner Arbeitssituation ist oder finanzielle Probleme hat. Das Gefahrenpotenzial „Mensch" tritt aber auch in anderen Zusammenhängen zu Tage. Spezielle Prozesse werden durch „outsourcing" realisiert oder Fremdpersonal kommt in das eigene Unternehmen. Gerade bei Forschungsvorhaben werden Gastwissenschaftler und Praktikanten aus dem Ausland eingesetzt.

Wer sind die Hauptakteure?

Nach Erkenntnissen der Verfassungsschutzbehörden sind die Protagonisten der Spionagetätigkeiten in Deutschland die Nachrichtendienste der Volksrepublik China und die der Russischen Föderation.

China war in der Vergangenheit über Jahrhunderte eine Großmacht. Heute ist China auf bestem Wege, seine geschwundene politische, militärische und wirtschaftliche Macht wieder herzustellen. Es ist politischer Wille, China wieder als die Wirtschaftsmacht weltweit zu etablieren, auch mit Mitteln der Spionage. Im Wesentlichen sind dabei drei Nachrichtendienste aktiv, die mit hoher man-power arbeiten können. Das Ministerium für Staatssicherheit (MSS) ist für die innere Sicherheit und die Auslandsaufklärung, die weltweite Aufklärung vor allem in den Bereichen Politik, Wirtschaft, Wissenschaft und Technik, Forschung und Randbereiche des Militärwesens, zuständig. Das Ministerium für öffentliche Sicherheit (MÖS) ist die nationale Polizeibehörde der Volksrepublik China und mit der Überwachung des Post-, Fernmelde-und Internetverkehrs sowie der Kontrolle und Überwachung von Medien und Ausländern befasst. Dem militärischenNachrichtendienst (MID) obliegt die Beschaffung von Informationen mit militärischem Bezug, militärische Potenziale fremder Staaten und Waffensysteme sowie die Überwachung von Oppositionellen und separatistischen Bewegungen und auch die Telekommunikationsüberwachung. Darüber hinaus ist er zuständig für die Kontrolle des diplomatischen Fernmeldeverkehrs der ausländischen Botschaften im Inland. Bei den Aktivitäten der chinesischen Nachrichtendienste kommt dem MSS eine zentrale und koordinierende Rolle zu.

Auch im Freistaat Sachsen stellt der durch chinesische Nachrichtendienste angestrebte Technologie-und Know-how-Transfer eine Bedrohungslage dar. Insbesondere durch wirtschaftliche und wissenschaftliche Kooperationen zwischen chinesischen und deutschen Einrichtungen halten sich chinesische Staatsbürger zu Praktika, Studien-, Schulungs- und Forschungszwecken im Freistaat Sachsen auf. Nicht jeder Student, Praktikant, Doktorand oder Gastprofessor ist ein Informant. Keiner weiß, wie viele oder wenige es tatsächlich sind. Dass es jedoch derartige Aktivitäten gibt, sollen folgende Beispiele belegen, unabhängig, ob es sich dabei um Wirtschaftsspionage oder Konkurrenzspionage handelte.

Ein chinesischer Austauschwissenschaftler steht im Verdacht, an einer deutschen Universität im Institut für Fertigungstechnologie keramischer Bauteile nachrichtendienstlich tätig gewesen zu sein. Er fertigte trotz Fotografierverbots Fotos von technischen Einrichtungen, sandte an Wochenenden E-Mails mit großen Dateianhängen nach China und ließ unerlaubt ihm aus China zugesandte Werkteile beschichten. Im März 2007 erfolgte seine Ausreise nach China. Ein Verfahren gem. § 205 StPO wurde eingeleitet.

Ein chinesischer Praktikant bei einem deutschen Ingenieurbüro wurde vom Amtsgericht Berlin/Tiergarten wegen des Verrats von Geschäfts- und Betriebsgeheimnissen zu einer Geldstrafe verurteilt. Das Ingenieurbüro war unter anderem mit Projekten sicherheitsrelevanter Infrastrukturen und Einrichtungen des Bundes befasst. Der Anstellungsvertrag des Praktikanten enthielt zwar allgemeine Hinweise zur Verschwiegenheit, jedoch *keine* konkrete Belehrung. Der Praktikant erhielt weitgehenden Zugriff auf das Firmennetzwerk und die darin gespeicherten Objekt-und Projektdaten. Zwischen Dezember 2009 und Februar 2010 kopierte er mehrfach unberechtigterweise große Datenmengen, dabei auch Daten betriebsinternen und sicherheitsrelevanten Inhalts, auf eine externe Festplatte. Diese wurde glücklicherweise entdeckt und der Polizei übergeben. Der chinesische Praktikant wurde im April 2010 zu einer Geldstrafe verurteilt.

Welche Rolle spielen russische Nachrichtendienste?

Bereits Mitte der 90er Jahre wurde gesetzlich festgeschrieben, dass es auch Aufgabe der russischen Nachrichtendienste ist, die wirtschaftliche Entwicklung sowie den wissenschaftlich technischen Fortschritt Russlands mit ihren Mitteln und Methoden zu unterstützen und voranzutreiben. Zu den russischen Nachrichtendiensten gehören:

-- der föderale Schutzdienst (FSB - Inlandsnachrichtendienst mit Agenten in den Legalresidenturen),
-- der zivile Auslandsaufklärungsdienst (SWR) und der militärische Nachrichtendienst (GRU).

Bei der Amtseinführung von Michail Fradkow als neuer SWR-Chef am 19. Oktober 2007 unterstreicht Wladimir Putin die Bedeutung des SWR wie folgt: „Der Nachrichtendienst (SWR) muss seine Anstrengungen verstärken, um die russische Wirtschaft und die Interessen russischer Unternehmen im Ausland aktiver zu unterstützen." Als ehemaliger Handels-und Außenhandelsminister Russlands steht mit Fradkow nunmehr ein Mann an der Spitze des SWR, der sich in Wirtschaftsfragen auskennt.

Am 18. Dezember 2010 äußerte sich der russische Ministerpräsident Putin in einem Interview mit dem Fernsehsender Rossija zu der Frage, wie der SWR im wissenschaftlich technischen Bereich tätig ist. Anlass war der „90. Jahrestag des Mitarbeiters der Sicherheitsdienste Russlands" (20.12.1920). "Da wir uns mit der Modernisierung unserer Wirtschaft befassen, wird sich Hilfe seitens der Geheimdienste nicht erübrigen."

Nach seiner Einschätzung kommt es vor allem darauf an, die gewonnenen Informationen umfassend zu analysieren, um die Forschung und Wirtschaft Russlands entsprechend auszurichten. Bereits in der Vergangenheit hatte man festgestellt, dass der Wissenschafts- und Technologietransfer aus westlichen

Ländern für Russland unverzichtbar sei, um die eigene wirtschaftliche und technologische Entwicklung zu fördern. Besonders sei dies vor dem Hintergrund der globalen Wirtschafts-und Finanzmarktkrise deutlich geworden. Die Beschaffung von Informationen aus allgemein zugänglichen Quellen (z.B. durch Internetrecherchen oder den Besuch von Messen und Kongressen), aber auch die systematische offene Gesprächsabschöpfung von Kontaktpersonen mit interessanten Zugängen durch Nachrichtendienstoffiziere können dabei als legale Quellen bezeichnet werden. Es sind aber auch Methoden denkbar, die darüber hinausgehen, wie längjährige Traditionen des Einsatzes von nachrichtendienstlichen Mitteln zur Unterstützung des wissenschaftlich-technischen Fortschritts zeigen. Stellen Sie sich vor, Sie haben seit Jahren Kontakte zu einem Angehörigen der russischen Botschaft, den Sie im Zusammenhang mit Ihrer beruflichen Tätigkeit kennen gelernt haben, vielleicht auf einem wissenschaftlichen Kongress. Sie tauschen sich über berufliche und private Dinge aus. Möglicherweise ist ihr Gesprächspartner aber auch Angehöriger eines Nachrichtendienstes und Sie sind für ihn wegen Ihrer Zugänge zu sensiblen Informationen aus nachrichtendienstlicher Sicht besonders wertvoll. Da Sie nichts ahnen, pflegen Sie den Kontakt. Möglicherweise wird ihr Gesprächspartner irgendwann einmal versuchen, den offenen Kontakt in eine „halboffene" Verbindung mit bestimmten konspirativen Elementen umzuwandeln, da er den Eindruck hat, Sie würden unter Umständen auch besonders schutzwürdige Informationen preisgeben. So oder so ähnlich geschehen in dem nachfolgenden Fall:

Ex-Eurocopter-Ingenieur wegen Spionage für Russland verurteilt! Werner G. war unzufrieden in seinem Unternehmen und wollte sich selbstständig machen. Durch das Platzen von zwei Großaufträgen war er zudem hoch verschuldet. Er brauchte Geld. Über einen befreundeten österreichischen Offizier lernte er seinen späteren Verbindungsmann beim SWR kennen, seinerzeit in diplomatischen Diensten. Von dem Kontakt versprach er sich eine geschäftliche Zusammenarbeit. Es bedurfte keiner Kompromate. Nach unverfänglichen Probeaufträgen lieferte Werner G. über einen Zeitraum von zwei Jahren Unterlagen über zivil genutzte Hubschrauber an den Agenten des russischen Auslandsgeheimdienstes. Für die Übergabe von Dokumentationen und Handbüchern habe er 13.000 € bekommen. Seine Rechnung ging nicht auf, 2008 wurde er wegen Spionage für den russischen Geheimdienst zu elf Monaten auf Bewährungverurteilt. Strafmildernd wertete das Gericht, dass der Mann geständig war.

Man kann davon ausgehen, dass der SWR auch im Freistaat Sachsen aktiv ist, sei es, indem offene Informationen aus der Politik abgeschöpft werden oder

Wirtschafts- bzw. Wissenschaftsspionage betrieben wird. Der Inlandsnachrichtendienst FSB, der heute fast den gesamten Aufgabenbereich des früheren KGB wahrnimmt, betreibt außerdem in Russland eine intensive Kontrolle des Internets. Ein Umstand, dessen man sich auch unter dem Vorgenannten bewusst sein sollte, wenn man sich geschäftlich oder aus anderen Gründen in Russland aufhält. Die Nutzung von Internet oder anderer Kommunikationsmittel kann dazu führen, in den Fokus des FSB zu gelangen, eine gezielte Überwachung ist nicht ausgeschlossen.

Eindringen in Informationssysteme

Immer wichtiger werden technische Maßnahmen zur Informationsgewinnung. Etwas näher sollen dabei die elektronischen Angriffe aus China dargestellt werden, die mit großer Wahrscheinlichkeit in Spionageabsicht geschehen. Es werden E-Mails weit gestreut an Behörden und Unternehmen versandt, die im Anhang ein Schadprogramm enthalten. Beim Öffnen der E-Mail bzw. des Anhangs installiert sich das Schadprogramm und versucht, eine Verbindung zu einem Computer in China herzustellen, um weitere Informationen nachzuladen. Diese können Anweisungen zum Datendiebstahl oder zur Datenzerstörung enthalten. Allein 2009 wurden mehrere Hundert solcher Angriffe auf deutsche Behörden festgestellt. Eine hohe Dunkelziffer ist wahrscheinlich.

Das kanadische Institut Munk Center for International Studies veröffentlichte 2009 eine Studie über das Ghost-Net - ein Spionagenetzwerk, das mutmaßlich auch von China unterhalten wird und weltweit Rechner von Behörden und Privatorganisationen ausspähen soll. Die Methodik dieses Netzes entspricht weitgehend den Erkenntnissen zu den chinesischen E-Mail-Angriffen auf deutsche Behörden.

Sie sehen, wie wichtig und notwendig Sicherheitsregeln und die Einhaltung des „need to know"-Prinzips sind. Der Mitarbeiter ist der bestimmende Faktor für die Sicherheit im Unternehmen, in Forschungseinrichtungen, daher steht er im Zentrum von Sensibilisierungsmaßnahmen für mehr Informationsschutz.

Was können Sie und wir tun?

Die Innovationen der deutschen Forschung und Entwicklung wecken Begehrlichkeiten aus den verschiedensten Bereichen. Das Ziel der fremden Nachrichtendienste ist es, unseren Wissensvorsprung gegen Null zu reduzieren. Dem gilt es, entgegen zu wirken.

Welche möglichen Folgen kann Wissenschaftsspionage für Ihr Institut, Ihre Forschungseinrichtung haben?

- Verlust Ihrer Forschungsergebnisse,
- Beendigung des Forschungsauftrages,
- Finanzieller und/oder wirtschaftlicher Verlust,
- Aufhebung der wissenschaftlichen Kooperation,
- Image- oder Reputationsschäden für Ihr Institut.

Einen absoluten Schutz vor Wirtschaftsspionage gibt es nicht. Gerade in einer offenen Informationsgesellschaft und zunehmend globalen Forschungsgesellschaft fließen viele Informationen über offene Kanäle. Abgesehen von dem Schutz der IT-Systeme durch aktuelle Schutzsoftware muss sich aus der Sicht des Verfassungsschutzes der besondere Schutz von Informationen auf das besonders schützenswerte Know-how konzentrieren.

Daher empfiehlt der Verfassungsschutz:

- Definieren Sie Ihr schützenswertes Know-how.
- Führen Sie allgemein verbindliche Leitlinien für den Schutz vor Wissenschaftsspionage ein, die nicht nur auf dem Papier stehen, sondern gelebt, kontrolliert und fortgeschrieben werden.
- Legen Sie abgestufte Zugangs-und Zugriffsberechtigungen („need to know -Prinzip“) fest.
- Achten Sie auf zweifelhafte Initiativbewerbungen.
- Hinterfragen Sie auffällige Neugier und ungewöhnliche Verhaltensweisen.
- Sensibilisieren Sie Ihre Mitarbeiterinnen und Mitarbeiter für die Gefahren der Wissenschaftsspionage.

Angebot des Landesamtes für Verfassungsschutz Sachsen und der anderen Verfassungsschutzbehörden:

- Hilfestellung und Unterstützung bei der Sensibilisierung und bei Fragen und Informationen zum Wissenschaftsschutz,
- Vertrauliche Aufklärung von Spionageverdachtsfällen.

Meine Damen und Herren, schützen Sie sich und Ihr Know-how. Wir Informieren Sie gern über aktuelle wirtschafts- und wissenschaftsrelevante Themen und Entwicklungen. Sprechen Sie uns an!

Wissenschaftsspionage -

Risiken für den Forschungsstandort Deutschland in einer offenen globalen Informationsgesellschaft

Wirtschafts- und Konkurrenzspionage

Wissenschaftsspionage = Wirtschaftsspionage	Konkurrenzspionage
- staatlich gelenkt oder gefördert - fremder Nachrichtendienst - nachrichtendienstliche Mittel	- konkurrierende Unternehmen - Industriespionage - keine Zuständigkeit des Verfassungsschutzes

„Phänomenbereich Proliferation“

2 | 14. April 2011 | Reinhard Boos

Fremde Nachrichtendienste

Dienste von Krisenländern	Dienste technisch und wirtschaftlich hoch entwickelter Staaten	Dienste westlicher Industriestaaten
- Iran **- Nordkorea** **- Syrien** **- Pakistan**	**- Russland** **- China**	**Belege für eine systematische Wirtschaftsspionage liegen bisher nicht vor**
Proliferation	wirtschaftliche und wirtschaftspolitische Strategien	

3 | 14. April 2011 | Reinhard Boos

Russische Nachrichtendienste

Wladimir Putin
am 19. Oktober 2007:

„Der Nachrichtendienst (SWR) muss seine Anstrengungen verstärken, um die russische Wirtschaft und die Interessen russischer Unternehmen im Ausland aktiver zu unterstützen."

4 | 14. April 2011 | Reinhard Boos

Russische Nachrichtendienste

Ziviler Auslandsnachrichtendienst (SWR)

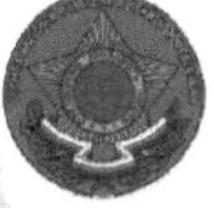

Militärischer Nachrichtendienst (GRU)

Inlandsnachrichtendienst FSB (Föderaler Sicherheitsdienst)

5 | 14. April 2011 | Reinhard Boos

Chinesische Nachrichtendienste

- Ministerium für Staatssicherheit (MSS)
- Ministerium für öffentliche Sicherheit (MÖS)
- Militärischer Nachrichtendienst (MID)

6 | 14. April 2011 | Reinhard Boos

Methoden der Informationsbeschaffung

(1) Offene Beschaffung

- Vortragsveranstaltungen
- Ausstellungen
- Symposien und Workshops
- Internet, Datenbanken
- „social engineering"
- Teilnahme an Studiengängen oder wissenschaftlichen Projekten

(2) Konspirative Beschaffung

- Einsatz von Agenten
- Eindringen in Informationssysteme
- Überwachung derTelekommunikation

7 | 14. April 2011 | Reinhard Boos

Gefahrenpotenzial Mensch

- Innentäter
- „outsourcen" von speziellen Prozessen
- Einsatz von Fremdpersonal
- Soziale Netzwerke
- „social engineering"

  (Methode, um unberechtigten Zugang zu Informationen oder IT-Systemen durch „Aushorchen" zu erlangen)

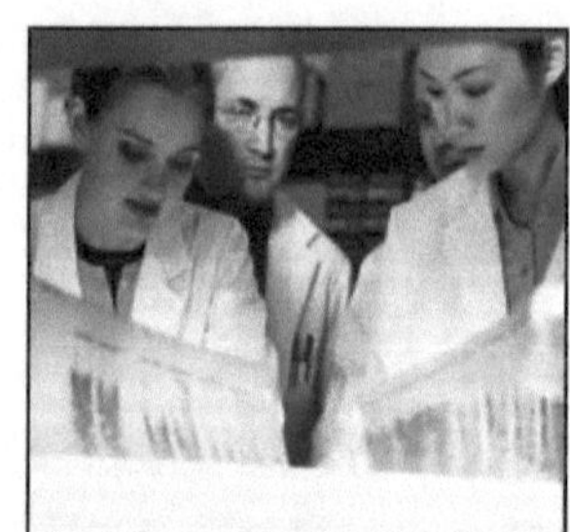

8 | 14. April 2011 | Reinhard Boos

Gefahrenpotenzial Technik

„electronic attacks"

Methoden:

- Schadprogramme in E-Mails
- Infizierte Webseite
- Phishing
- Hardwaremanipulationen
- Hacking mittels USB-Trojanern
- Keylogger
- Abhören von VoIP
- Bluetooth- und WLAN-Hacking

9 | 14. April 2011 | Reinhard Boos

Handlungsempfehlungen

- Schützenswertes Know-how definieren
- Einführung allgemein verbindlicher Leitlinien für den Schutz vor Wissenschaftsspionage
- Einhaltung des „need to know"-Prinzips
- Achten Sie auf zweifelhafte Initiativbewerbungen
- Auffällige Neugier und ungewöhnliche Verhaltensweisen hinterfragen
- Mitarbeiterinnen und Mitarbeiter für die Gefahren der Wissenschaftsspionage sensibilisieren
- Kontakt zum LfV Sachsen suchen

10 | 14. April 2011 | Reinhard Boos

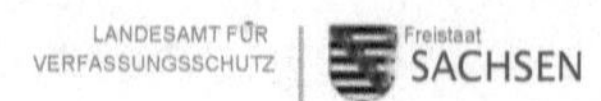

Kontakt zur Spionageabwehr des

Landesamtes für Verfassungsschutz:

Landesamt für Verfassungsschutz, Abteilung 3

Neuländer Str. 60, 01129 Dresden

Telefon: 0351 85 85 0 Fax: 0351 85 85 500

E-Mail: wirtschaftsschutz@lfv.smi.sachsen.de

11 | 14. April 2011 | Reinhard Boos

Risikofaktor Informationsabfluss: Sind Unternehmen und Organisationen ausreichend geschützt?

Prof. Dr.-Ing. AlexanderHuber, Beuth Hochschulefür Technik, Berlin

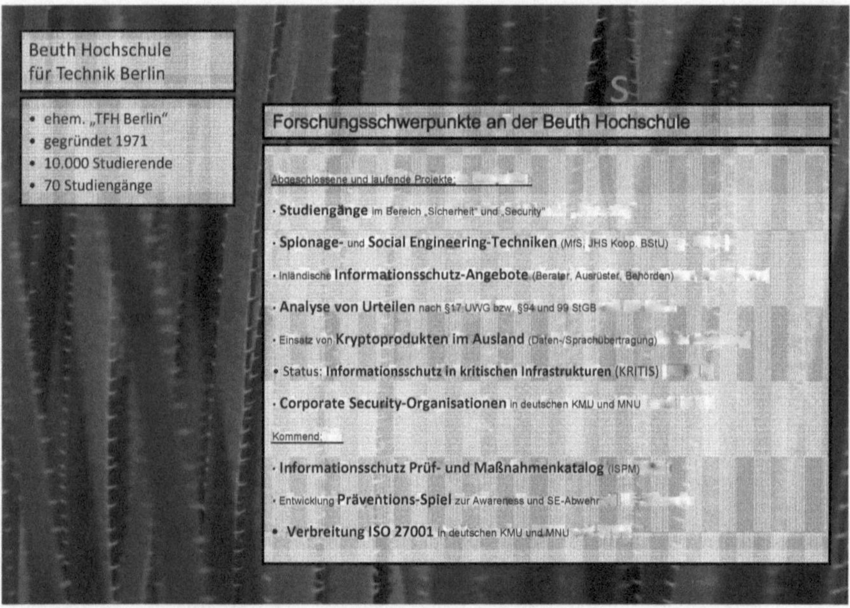
Beuth Hochschule
für Technik Berlin
• ehem. „TFH Berlin"
• gegründet 1971
• 10.000 Studierende
• 70 Studiengänge
Forschungsschwerpunkte an der Beuth Hochschule
Abgeschlossene und laufende Projekte:
· Studiengänge im Bereich „Sicherheit" und „Security"
· Spionage- und Social Engineering-Techniken (MfS, JHS Koop. BStU)
· Inländische Informationsschutz-Angebote (Berater, Ausrüster, Behörden)
· Analyse von Urteilen nach §17 UWG bzw. §94 und 99 StGB
· Einsatz von Kryptoprodukten im Ausland (Daten-/Sprachübertragung)
• Status: Informationsschutz in kritischen Infrastrukturen (KRITIS)
· Corporate Security-Organisationen in deutschen KMU und MNU
Kommend:
· Informationsschutz Prüf- und Maßnahmenkatalog (ISPM)
· Entwicklung Präventions-Spiel zur Awareness und SE-Abwehr
• Verbreitung ISO 27001 in deutschen KMU und MNU

o Informationsabschöpfung in Unternehmen/Universitäten
o Schutzmaßnahmen und deren Inanspruchnahme
o Unternehmen/Universitäten als Teil der kritischen Infrastruktur

Beuth Hochschule für Technik Berlin
Prof. Dr.-Ing. Alexander Huber

Die Quantität der Angriffe steigt

Fünf zentrale Ursachen für zunehmende Spionagetätigkeiten:

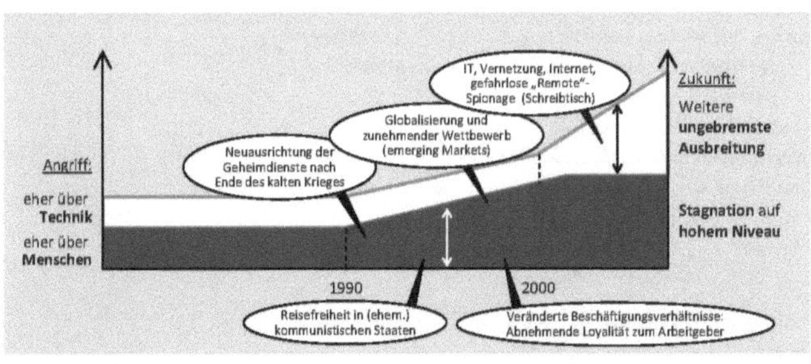

Schäden in Deutschland:
- ca. 20 bis 80 Mrd. EUR p.a.
- über50% im Mittelstand
- kaum Meldungen an staatliche Stellen (Reputationsverlust)
- Hellfeld ist klein (weniger als 4% wenden sich an Behörden)
- Top-Gefahrenquellen: China uns Russland (ca. 30.000 Spione in Deutschland), Internet-Angriffe

Quellen: ASW, KPMG, PwC, BfV, BITKOM

 4

Beuth Hochschule für Technik Berlin
Prof. Dr.-Ing. Alexander Huber

Die Quantität der Angriffe steigt (Beispiel: § 17 UWG vs. § 202a StGB als Indikator)

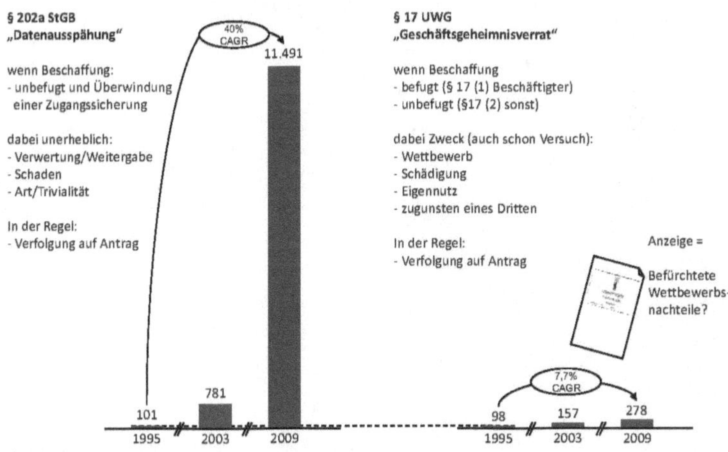

Quelle: PKS (Stand: Mrz. 2011)

 5

Beuth Hochschule fürTechnik Berlin
Prof. Dr.-Ing. Alexander Huber

Die Qualität der Angriffe steigt (Beispiel: Cyberwar)

Vorteil bei den Angreifern - Unterschiede zu traditionellen Konflikten:

- Zurzeit fließt **mehr Geld um Cyberkriege zu führen**, als in deren **Abwehr**
- Angreifer sind **besser ausgerüstet** als die Verteidiger
- **Zeit** und **Intensität** eines Angriffs frei wählbar
- **Keine geografischen** und **politische** Hürden bzw. Grenzen
- **Regelungen** zur Reaktion auf Angriffe sind **nicht** auf die neue Situation **angepasst**
- **Risiken** für entfernte Angreifer **minimal** - bei gleichzeitig hoher **Gewinnerwartung**
- **Unsichtbarkeit** des Angriffs und **übertriebenes Vertrauen**

Schadprogramme schützen sich u. a. durch ...

- **Kryptografie**
- **Verschleierung** (z. B. Obfuscation)
- Umgebungsspezifische **Verhaltensanpassung** (Analyse- bzw. Opferumgebung)
- **Komponentenauslagerung** (z. B. der Betriebssysteme) in virtuelle Umgebungen

Quellen u. a.: Westby, J.; Helmbrecht, U. (2010): IT-Sicherheit als politische Aufgabe. In: TeleTrust.

© 2011 - Prof. Dr. A. Huber - Kontakt: http://prof.beuth-hochschule.de/huber/ 6

- o **Informationsabschöpfung** in Unternehmen/Universitäten
- o **Schutzmaßnahmen** und deren Inanspruchnahme
- o Unternehmen/Universitäten als Teil der **kritischen Infrastruktur**

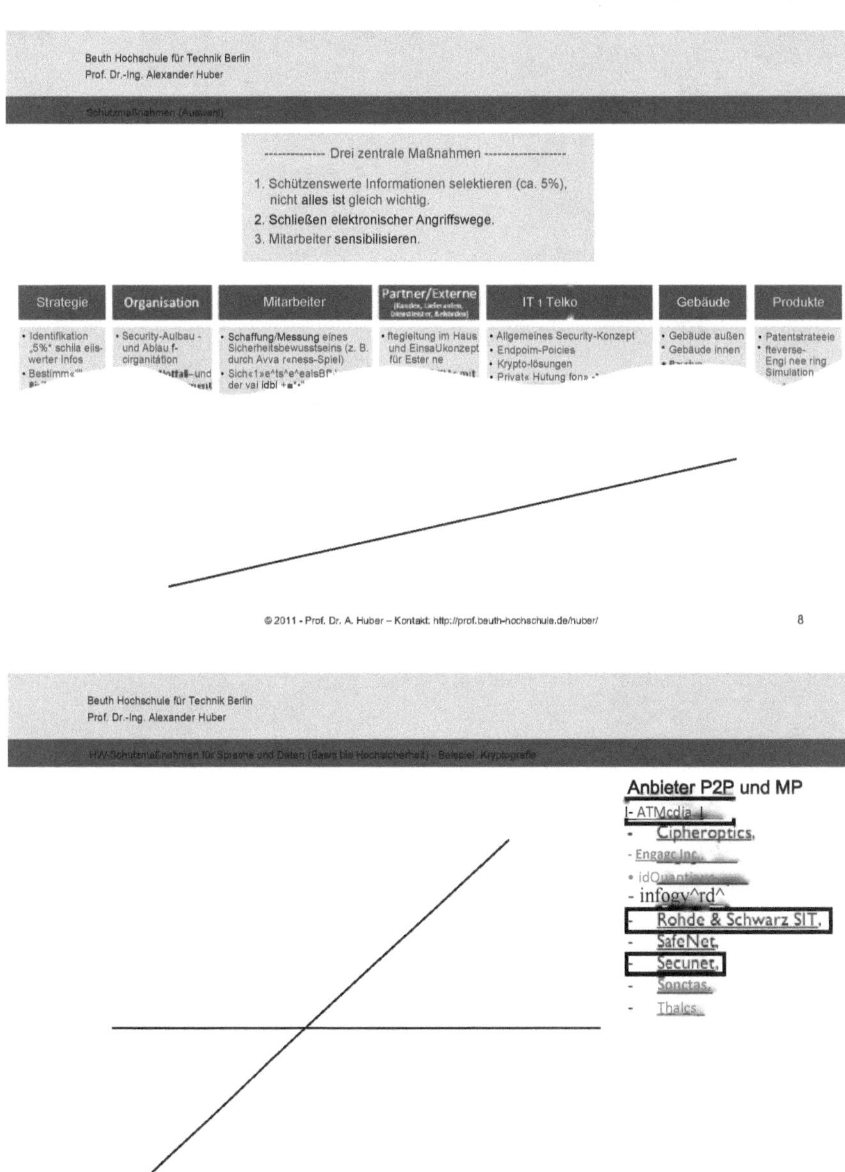

© 2011 - Prof. Dr. A. Huber -Kontakt: http://prof.beuth-hochschule.de/huber/ 9

Beuth Hochschule für Technik Berlin
Prof. Dr.-Ing. Alexander Huber

Anbieterlandschaft: inländische Dienstleister (keine überwiegenden IT-Dienstleister, keine reinen Detekteien)

Auswahl

Leistung

überwiegend technisch

0 emscreen (2,5 M€, M)
O BusinessKeeper (0,4 M€,P)

O Fink Secure (1,5 M€, CO)
O Doitronic(0,3 M€, B)
O LATKunz (B)
O A. Huth (AB)
O DTAG (DA)

überwiegend nicht-technisch

0 VZM (2,5 M€, BN)
0 HvS Consulting (1,5 M€,M)
0 Consulting Plus (0,8 M€, B)*
O ISG (0,4 M€, B)
O A.S. Gruppe (0,3 M€, M)*
o Janus Consulting (0,2 M€, OF)
O Laurentium (B)

0 Control Risks (3 M€, B) # PWC (Div. Standorte)
0 KPMG (Div. Standorte) # ADATO (2,5 M€, H)
0 Prevent (5 M€, M) 0 KDM (1,5 M€, F)
0 ResultGroup(2 M€, M) 0 Toribos (1 M€, HH)
O Argen (3M€, K) O Corp. Trust (0,2 M€, M)
O DRB (0,08 M€, B) O Signum (0,3 M€, B)
O Beyer & Collegium (B) O Argen (3M€, K)
O DESA(B)
O Network.Deutschland (B)

eher Prävention/Schulung

„Prävention & Aufklärung"

Anlass

O < 5 Mitarbeiter
0 5 bis 20 Mitarbeiter

Quelle: Unternehmensangaben, JA (2007-09), Schätzungen
* Relevante Geschäftsbereiche (sofern abgrenzbar)

Aussagen über Qualität und Vertrauenswürdigkeit der Anbieter werden durch diese Darstellung nicht gegeben

© 2011 - Prof. Dr. A. Huber -Kontakt: http://prof.beuth-hochschule.de/huber/ 10

Beuth Hochschule für Technik Berlin
Prof. Dr.-Ing. Alexander Huber

Gründe für unzureichenden Informationsschutz in Organisationen (Beispiel: Privatwirtschaft)

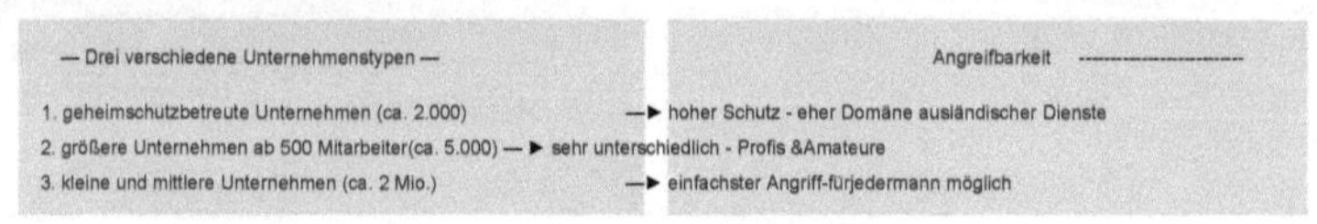

— Drei verschiedene Unternehmenstypen — Angreifbarkeit

1. geheimschutzbetreute Unternehmen (ca. 2.000) —► hoher Schutz - eher Domäne ausländischer Dienste
2. größere Unternehmen ab 500 Mitarbeiter(ca. 5.000) —► sehr unterschiedlich - Profis &Amateure
3. kleine und mittlere Unternehmen (ca. 2 Mio.) —► einfachster Angriff-fürjedermann möglich

Gründe für unzureichenden Informationsschutz

1. Die Bedrohung ist häufig **nicht sichtbar**. Entstandene Schäden sind-wenn überhaupt-schwermessbar.
2. Der Informationsabfluss besteht aus Daten, Informationen und Wissen. Nichtaus Vorräten, Anlagen oder liquiden Mitteln. **Schäden entstehen** daher **nicht unmittelbar** bei Informationsabfluss-sondern mittel-und langfristig.
3. Insbesondere im Mittelstand lässt die **Sensibilisierung** zu wünschen übrig. Eine **kritische Menge** von Betrieben, die eine konsequente Verteidigung aufbaut und damitauch andere Unternehmen motivieren könnte, ist nicht erreicht.
4. Verteidigungsmaßnahmen sind lästig, kosten Zeit und Geld. Ein **RoI** lässt sich **nicht seriös kalkulieren**. Informationsschutz wird **nicht** als potenzieller **Wettbewerbsvorteil** verstanden.
5. Im Gegensatz zur Aufbau- und Ablauforganisation herkömmlicher betrieblicher Funktionen (z. B. Einkauf, Produktion, Buchhaltung oder Vertrieb), gibt es bzgl. der Sicherheitsorganisation **keine etablierten Modelle**.
6. Existierende **Hilfestellungen** in Formvon Prüfmethoden und Prozessen (z. B. ISO 27000ff., IT-Grundschutz) sind **unzulänglich**, **unvollständig** oder **zu umfangreich**.
7. Eindeutige **gesetzliche Regelungen fehlen**. Die einschlägigen Vorschriften der §§ 91 und 93 AktG, 43 GmbHG und 25a KWG sind nicht konkret genug.
8. Externen **Sicherheitsdienstleistern** haftet (nicht immerzu unrecht) ein **halblegales**, **unkontrollierbares** oder **semiprofessionelles** Imagean. Die Branche weist zuviele Merkmale eines „Closed Shop" auf.
9. Die Unternehmensleitung **scheut** dieexterne **Prüfung** auf Sicherheitslücken aus **Haftungsgründen**. Die unterlassene Beseitigung einmal dokumentierter Risiken kann als grob-fahrlässig oder vorsätzlich ausgelegtwerden. Damit stehen Managerin der Haftung- mithirem persönlichen Vermögen.

© 2011 - Prof. Dr. A. Huber -Kontakt: http://prof.beuth-hochschule.de/huber/ 11

Beuth Hochschule für Technik Berlin
Prof. Dr.-Ing. Alexander Huber

Definition und Rahmen

Unter Kritischen Infrastrukturen (KRITIS) werden Versorgungs- und Dienstleistungseinrichtungen verstanden, auf die wir elementar angewiesen sind und deren Ausfall zu starken bis katastrophalen Auswirkungen (z. B. Versorgungsengpässe, erhebliche Störungen der öffentlichen Sicherheit) für Staat, Wirtschaft und große Teile der Bevölkerung führen kann.
(vgl. Pressemitteilung Juni/09, BMI; Nationale Strategie zum Schutz Kritischer Infrastrukturen Juni/09, BMI)

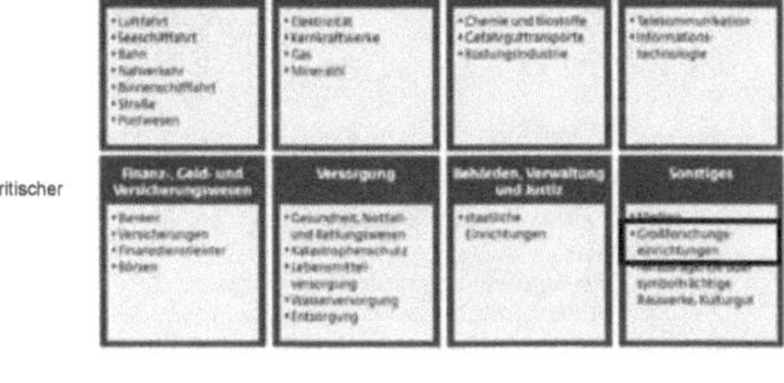

Bedrohung durch:

→ Naturereignisse (z. B. Brand, Erdbeben, Pandemie)

→ Technisches/menschliches Versagen (z. B. Unfall, Havarie)

→ Kriminalität, Krieg, Terrorismus

—^1990er^—

- Bis weit in die 1990er Jahre wurde Relevanz des KRITIS-Schutzes in DE nicht erkannt (vgl. Schulze, T.: Bedingt abwehrbereit [2006]).
- US-Bericht (1997): President's Commission on Critical Infrastructure Protection (PCCIP)
- Gründung AG KRITIS (1997) mit Vertretern BMI, BMWi, BMVg, BSI, BKA ^ 1999/00 "Bericht"

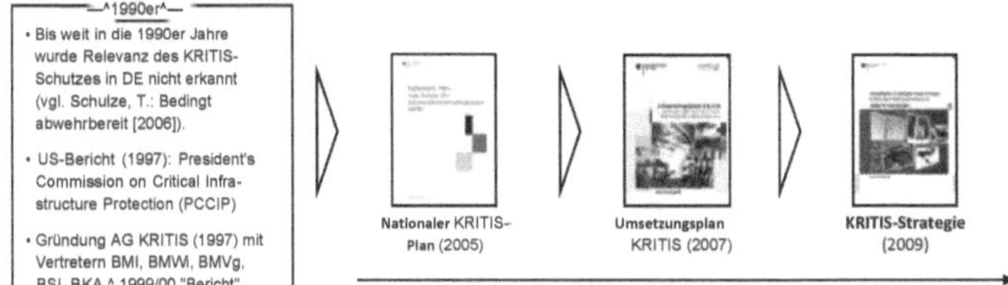

Nationaler KRITIS-Plan (2005) → Umsetzungsplan KRITIS (2007) → KRITIS-Strategie (2009) → t

 13

Beuth Hochschule für Technik Berlin
Prof. Dr.-Ing. Alexander Huber

Anspruch KRITIS

„Die Gewährleistung des Schutzes dieser Infrastrukturen ist daher eine **Kernaufgabe** staatlicher und unternehmerischer Sicherheitsvorsorge und **zentrales Thema** der Sicherheitspolitik unseres Landes"

Quelle: KRITIS-Strategie (2009)

© 2011 - Prof. Dr. A. Huber -Kontakt: http://prof.beuth-hochschule.de/huber/ 14

Beuth Hochschule für Technik Berlin
Prof. Dr.-Ing. Alexander Huber

Realität KRITIS

Exemplarische Betrachtung:

- Bisherige Erfolge
- Verbindlichkeit der KRITIS-Strategie
- Verständnis und Sensibilisierung
- Verfügbarkeit sicherer Sicherheitstechnologie
- Abwehrbereitschaft (Cyber-Abwehrzentrum)

In der KRITIS-Strategie werden die zentralen Erfolge der letzten 12 Jahre aufgelistet:

- Y2K-Problem bewältigt
- Zwei Papiere geschrieben: UP KRITIS und NPSI (je ca. 25 Seiten)
- Einige Leitfäden (z. B. „Betriebliche Pandemieplanung", „Schutzkonzepte für Krankenhäuser")
- Einladung der Unternehmen zur gemeinsamen Krisenmanagementübung

Unkonkret und unverbindlich:

- Überwiegend im „KS-Status" (kann, könnte, soll, sollte,...)
- Keine Ziele - Orientierung fehlt
- Lässt Eigentumsverhältnisse nationaler KRITIS außerAcht
- Wachsweicher, undefinierter „Staatlicher Vorbehalt"
- Keine Messbarkeit - Überprüfung unmöglich

Die Arbeit des Bundestags ruht - **Stromausfall legt Bundestag** lahm. „Weder im Reichstagsgebäude noch in den umliegenden Häusern mit Abgeordnetenbüros und Sitzungssälen gebe es noch Strom, sagte eine Sprecherin."

"Wir sind arbeitsunfähig,,: **Aufzüge, elektrische Türen** und **Computer** in den Abgeordnetenbüros konnten **nicht benutzt** werden.

"**Achtung, Achtung - hier spricht die Polizei**: Wegen des Stromausfalls ist die **Benutzung** der **Toiletten** bis auf weiteres zu **unterlassen**."

© 2011 - Prof. Dr. A. Huber -Kontakt: http://prof.beuth-hochschule.de/huber/ 15

Beuth Hochschule fürTechnik Berlin
Prof. Dr.-Ing. Alexander Huber

Anbieterlandschaft: Inländische IuK-Security Ausrüster (i. W. HW, ohne Identity/Access)

Auswahl

Anbieter		
O Siemens COM & SBS	→	COM zersplittert (i. W. NSN) - Zukunft SIS?
o Utimaco	→	Größtenteils verkauft an Sophos (UK/US)
O Infineon	→	kleiner Geschäftsbereich
O VODA	→	Insolvent - größtenteils zum Verkauf beim Insolvenzverwalter
O Secunet*		~ 40 M€ Umsatz (BS- & HS-Bereich)
O R&SSIT		~ 25 M€ Umsatz
O AVI RA		~ 25 M€ Umsatz
O Astaro		~ 25 M€ Umsatz
O DERMALOG		~ 12 M€ Umsatz
O T-Systems*		~ 10 M€ Umsatz (Security-Bereich)
O GeNUA		~ 7 M€ Umsatz
O ATMedia		~ 5 M€ Umsatz
o cryptovision		~ 3,5 M€ Umsatz
O Sirrix		~3 M€ Umsatz
O CE-Infosys		~ 2,5 M€ Umsatz

Nettovolumen: ca. 150 M€ p.a.

+ 100%

Bruttovolumen: ca. **320 M€** p.a.

Quelle: Unternehmensangaben, JA (2007-09), Schätzungen
* Relevante Geschäftsbereiche (sofern abgrenzbar)

 16

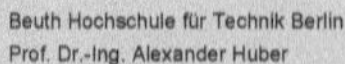

Anbieterlandschaft: inländische IuK-Security Ausrüster auf dem Weltmarkt

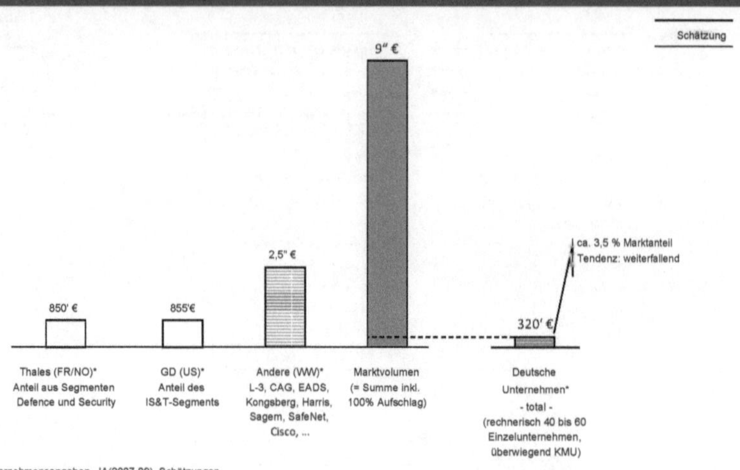

Quelle: Unternehmensangaben, JA(2007-09), Schätzungen
* Relevante Geschäftsbereiche (sofern abgrenzbar)

© 2011 - Prof. Dr. A. Huber -Kontakt: http://prof.beuth-hochschule.de/huber/ 18

Beuth Hochschule für Technik Berlin
Prof. Dr.-Ing. Alexander Huber

Anbieterlandschaft: inländische IuK-Security Ausrüster (Soll- und Ist-Zustand)

Soll-Zustand

- Portfolioan Unternehmen in signifikanter **Größe**, die auf dem Weltmarkt **wettbewerbsfähig** und von innovativen, flexiblen **Start-ups** umgeben sind.

- Dazu ist weniger ein Technologierückstand aufzuholen sondern vor allem weltweite **vertriebliche Präsenz**, **Vernetzung** in den internationalen Gremien und Investitionen in **Marketing** und den Bekanntheitsgrad auf- bzw. auszubauen.

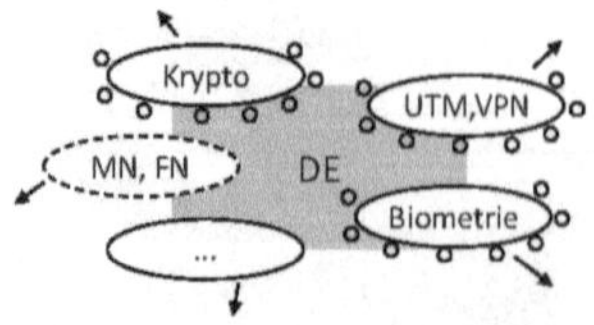

Situation heute

- Relativ kleine deutsche Unternehmen machen sich **gegenseitig** im Inlandsmarkt Konkurrenz.

- Gleichzeitig bauen wesentlich größere und stärkere **ausländische Anbieter** ihre Präsenz in Deutschland immer weiter aus.

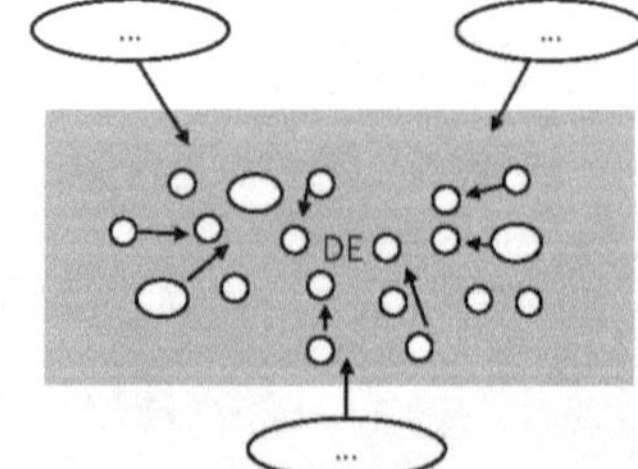

© 2011 - Prof. Dr. A. Huber -Kontakt: http://prof.beuth-hochschule.de/huber/ 19

Beuth Hochschule für Technik Berlin
Prof. Dr.-Ing. Alexander Huber

Positionierung inländischer IuK-Security Unternehmen

Sicherheits-Segment[1]	Abdeckung durch deutsche Unternehmen[1] - heute -	Abdeckung durch deutsche Unternehmen - zukünftig -
Netzwerk (z. B. Firewall, ID&P, VPN)	9	**O**
Endgeräte (z. B. Firewall, A-Virus)	3	**O**
Web (z. B. Browser)	O	O
Anwendungen (z. B. Testen)	0	**O**
HS-Daten (z. B. HS-Verschlüsselung)	●	9
Daten (z. B. Verschlüsselung)	3	**O**
Identität (z. B. Smartcards)	●	●
Segmente mit Unternehmen nat. (gering: intern.) Relevanz:	5 →	2

Zukünftige Folgen:

- Nationale KRITS zunehmend auf ausländische Produkte angewiesen
- „Hoheitliche" Aufgaben (z. B. Cyber-Attaken) abhängig von Versorgung bzw. Goodwill/Vertrauen in andere(r) Länder: FR, NO, US, ..., CN
- Nationale IuK-Security i. W. ausgerichtet auf HS-GOV und abnehmend -MIL
- F&E in anderen Bereichen geht im Inland kontinuierlich zurück
- Know-how nur noch eingeschränkt (z. B. in Behörden zurZertifizierung) vorhanden

1) Quellen: u. a. BMWi/Booz (2010); BMWi/VDI-VDE/ASW (2009)

 20

Beuth Hochschule für Technik Berlin
Prof. Dr.-Ing. Alexander Huber

Fazit

1. Relevanz:

- KRITIS ist zentral für **Aufrechterhaltung** öffentlicher **Versorgung** und **Ordnung**
- **Risiken** nehmen zu (z. B. Cyber-Attaken)

2. Unsicherheit/Unkontrollierbarkeit:

- **Einfluss** auf KRITIS-Unternehmen **sinkt**
- **Inländische KRITIS** zunehmend von **ausländischen** Unternehmen **bereitgestellt**, **installiert** und **betreiben**

3. Perspektive:

- **Keine klare Orientierung**, **fehlende Verbindlichkeit**
- **MangelndesVerständnis**
- **Halbherzige Maßnahmen (Cyber-Abwehrzentrum)**
- **Deutsche Sicherheitsunternehmen** bereits heute **abgeschlagen** (aktuell: Fokus auf Identität & Hochsicherheit; Know-how-Verlust in fast allen anderen Bereichen)

- Deutschland ist **schlecht vorbereitet** den Herausforderungen zu begegnen
- **Geringe Abwehrbereitschaft**
- **Vertrauen** in Sicherheit **eingeschränkt**
- Situation wird sich in Zukunft weiter **verschlechtern** (Know-how-Verlust)

 21

Beuth Hochschule für Technik Berlin
Prof. Dr.-Ing. Alexander Huber

Fazit

Welche Fragestellungen ergeben sich für Unternehmen und Universitäten?

- Welche „**Freiwilligen Selbstverpflichtungen**" (s. KRITIS-Strategie von 2009) sind sinnvoll?
- Welches sind angemessene (branchen-/unternehmensspezifischen) **Informationsschutz-Maßnahmen**?
- Welche **„erlaubten Kosten"** ergeben sich aus potenzieller Schadenshöhe und Angriffswahrscheinlichkeit?
- Wie kann „erhöhter Schutz" zum **Differenzierungsfaktor** und damit **Wettbewerbsvorteil** werden?
- ...

Welche Fragestellungen ergeben sich für den Bund?

- Inwieweit muss „Informationsschutz" noch stärker als **hoheitliche Aufgabe** verstanden werden?
- Wie kann der sog. **Staatliche Vorbehalt** konkretisiert werden (s. KRITIS-Strategie von 2009)?
- Ist eine **Durchdringung** aller KRITIS-Bereiche ggf. sinnvoller als Einzelregelungen (z. B. AKW, LuftNaSiG)?
- Sind dabei **verschiedene Vorgaben** je nach Kritikalität sinnvoll (KRITIS * KRITIS)?
- Wie kann die **Unausgewogenheit** „öffentliche Gewinne vs. private Kosten" gemildert werden?
- Wie notwendig ist eine **Konsolidierung** bzw. stärkere Förderung von Teilen der Sicherheitsindustrie?
- ...

 22

Neue Gefahren für die Wirtschaft - neues polizeiliches Beratungsangebot ‚Sicheres Unternehmen'

Dr. Jörg Michaelis, Präsident des Landeskriminalamtes Sachsen

Wie lässt sich das Phänomen Wirtschaftskriminalität in Deutschland umreißen?
Spontan fallen mir dazu drei Schlagworte ein:

- Immense Schadenssummen.
- Sehr hohe Dunkelziffern und
- Steigende Fallzahlen.

(Sehr geehrter) Herr Dr. Handschuh, *(sehr geehrter)* Herr Prof. Ring,
meine Damen, meine Herren, liebe Gäste,

Unternehmen aller Größen und Branchen sehen sich mit einem harten, weltweiten Konkurrenzkampf konfrontiert, bei dem auch der illegale Wissenstransfer aus deutschen Firmen zunehmend an Bedeutung gewinnt. Gerade der Verlust von Know-how bedeutet den Verlust von Wettbewerbsfähigkeit und verursacht nicht nur hohe volkswirtschaftliche Schäden, sondern führt direkt zum Verlust von Arbeitsplätzen.

Im Fokus stehen neben Forschungsergebnissen und konkreten Produktinformationen auch wirtschaftliche und wirtschaftspolitische Strategien, Preise und Konditionen bei Ausschreibungen, Informationen über Entscheidungsprozesse und nicht zuletzt die Manager. Ob ein Unternehmen Ziel von Ausspähungen wird, hängt nicht von der Betriebsgröße ab. Gerade in Sachsen sind zahlreiche kleine und mittlere Unternehmen mit ihren Produkten Weltmarktführer und somit auch besonderen Risiken ausgesetzt.

Wurde im Jahr 2000 jedes zehnte deutsche Unternehmen Opfer, so ist es mittlerweile jede vierte Firma und das quer durch alle Branchen. Experten beziffern den dadurch für die deutsche Wirtschaft entstandenen Schaden für das Jahr 2009 auf 3,4 Milliarden Euro und den Verlust von jährlich ca. 50.000 Arbeitsplätzen.

Vergegenwärtigen wir uns die sächsischen Fallzahlen von Wirtschaftskriminalität aus dem vergangenen Jahr, können wir feststellen, dass der Anteil von 8.806 Fällen bei insgesamt 290.647 registrierten Straftaten, äußert gering ausfällt. Dieser nur dreiprozentige Anteil an der Gesamtkriminalität zieht allerdings einen sehr hohen Schaden nach sich. Denn mit rund 240 Mio. Euro macht der Bereich der Wirtschaftskriminalität nahezu 60 Prozent des Gesamtschadens aus.

Besonderes Gewicht haben dabei - wie bereits im Jahr zuvor - die Betrugsstraftaten. Mit einem Anteil von ebenfalls fast 60 Prozent bilden sie den größten Deliktsbereich in der Gruppe der Wirtschaftsstraftaten. Wir mussten im vergangenen Jahr eine Zuwachsrate von 35 Prozent bzw. im Jahr zuvor von über 70 Prozent feststellen.

Ein Indiz für diesen rasanten Anstieg der Betrugsdelikte sehe ich vor allem in der Zunahme beim Leistungs- und Warenbetrug. Allein beim Leistungsbetrug haben sich die Fallzahlen mehr als verdoppelt, beim Warenbetrug sogar verfünffacht!

Allerdings sind diese Ergebnisse auch auf den Abschluss von zwei Ermittlungsverfahren mit großen Fallzahlen zurückzuführen. Konkret handelte es sich in einem Fall um ein Verfahren, dass durch die Polizeidirektion Chemnitz-Erzgebirge bearbeitet wurde. Hier steht ein Beschuldigter im Verdacht, über eBay mehr als 4.000 Gutscheine für ein von ihm geführtes Hotel versteigert zu haben, obwohl von vornherein weder durch die zu erwartenden Erlöse noch durch die Kapazität des Hotels eine Einlösung der Gutscheine im angebotenen Umfang möglich war. Allein bei diesem Verfahren wurden rund 2.500 Fälle des Leistungsbetruges mit einem Schaden in Höhe von über 200.000 Euro registriert.

In einem weiteren Verfahren der Polizeidirektion Oberlausitz-Niederschlesien konnten die Ermittler über 1.000 Fälle des Warenbetruges mit einem Schaden von mehr als einer halben Million Euro erfassen. Hier wurde gegen sechs Tatverdächtige wegen banden- und gewerbsmäßigen Betruges ermittelt, da diese von 2008 bis 2010 illegal kopierte Software der Firma Microsoft über eBay verkauft haben.

Ebenfalls mit großer Sorge betrachte ich den Bereich der Insolvenzstraftaten sowie der Straftaten im Zusammenhang mit Arbeitsverhältnissen. Zwar sanken die Fallzahlen im vergangenen Jahr leicht, doch der durch Insolvenzstrafverfahren erfasste Schaden bleibt mit rund 170 Mio. Euro immens hoch. Er stellt den größten Anteil bei der durch Wirtschaftskriminalität registrierten Schäden dar. Die Nachteile und Auswirkungen aufArbeitnehmer, Geschäftspartner oder sonstige Personen muss ich in diesem Kreis sicher nicht näher erläutern.

Meine Damen, meine Herren,

trotz dieser Bilanz möchte ich unterstreichen, dass die Wirtschaftkriminalität im Freistaat Sachsen bei einer Zunahme von 15 Prozent im vergangenen Jahr keinem Aufwärtstrend unterlag. Dies lässt sich sowohl aus der bereits erwähnten rückläufigen Entwicklung der Gesamtschadenssumme und der etwa gleichbleibenden Anzahl der Tatverdächtigen ablesen. Außerdem müssen die bereits dargestellten Ermittlungsverfahren berücksichtigt werden, bei denen nur wenige Tatverdächtige aber rund 3.600 Einzelfälle erfasst wurden. Insofern kommt es auch hier zu entsprechenden statistischen Verzerrungen.

Ich darf Ihnen versichern, dass das LKA Sachsen die Kriminalitätslage im Bereich Wirtschaftskriminalität fortlaufend bewertet und entsprechenden Evaluierungen unterzieht. Die Bekämpfung der Wirtschaftskriminalität genießt wegen ihres beachtlichen Schadens- und Gefährdungspotentials für die Volkswirtschaft beim LKA Sachsen einen hohen Stellenwert und bleibt im Fokus unserer kriminalpolizeilichen Bekämpfungsstrategie.

Liebe Zuhörer,

es gibt heutzutage kaum noch einen Kriminalitätsbereich, in dem sich die Täter nicht ausgefeilter Techniken bedienen und das Internet als Tatmittel nutzen. Dies trifft auf den Bereich der Wirtschaftskriminalität in besonderer Weise zu. Die Sicherheitsbehörden gehen mittlerweile davon aus, dass bei nahezu jedem dritten WiKri-Delikt das Internet als Tatmittel missbraucht wurde.

Ebenso wird es gezielt als Tatobjekt für klassische Deliktsbereiche wie der Verbreitung von Kinderpornografie und Propagierung des Rechts- und Linksextremismus oder auch dem Handel mit verbotenen Gegenständen verwendet. Ein Blick auf die Entwicklung der Zahlen verdeutlicht diese Situation:

In Sachsen ist die Anzahl der Straftaten unter Ausnutzung des Tatmittels Internet im Jahr 2010 im Vergleich zum Vorjahr deutlich um fast 50 Prozent bzw. rund 3.500 Fälle angestiegen. Eine registrierte Gesamtzahl von nahezu 11.000 Fällen ist das Ergebnis. Parallel dazu erhöhte sich der Schaden um fast 12 Prozent bzw. eine halbe Million Euro. Die Aufklärungsquote bleib in den vergangenen Jahren gleichbleibend hoch - über 80 Prozent! Allerdings schätzen wir das Dunkelfeld in diesem Bereich sehr groß ein.

Ich möchte in diesem Zusammenhang gern die Gelegenheit nutzen und Ihnen einige Phänomene der Internetkriminalität skizzieren, die als Methode auch von Tätern der Wirtschaftskriminalität angewandt werden.

Im Konkreten zählen wir dazu Straftaten, bei denen Elemente der elektronischen Datenverarbeitung in den Tatbestandsmerkmalen enthalten sind, also

- Computerbetrug, z. B. im Bereich Onlinebanking,
- Betrug mit Zugangsberechtigungen zu Kommunikationsdiensten,
- Datenfälschung und Täuschung im Rechtsverkehr bei Datenverarbeitung,
- Datenveränderung und Computersabotage,
- und das Ausspähen bzw. Abfangen von Daten, das sog. „Phishing".

Die besondere Dynamik der Internetkriminalität sowie arbeitsteiliges und staatenübergreifendes Vorgehen zeigen sich insbesondere beim sog. Phishing im Zusammenhang mit Online-Banking.

Im Jahr 2009 wurden dem Bundeskriminalamt knapp 3.000 solcher Fälle, bei denen die Täter Zugangsdaten von Bankkunden abgreifen und diese missbräuchlich nutzen, gemeldet - eine Steigerung von mehr als 60 Prozent, nachdem 2008 die flächendeckende Einführung des iTAN-Verfahrens zunächst einen Rückgang der Fallzahlen mit sich brachte. Für das vergangene Jahr gehen die Sicherheitsbehörden nochmals von einer erheblichen Steigerung aus. Mittlerweile wissen wir auch um durchschnittliche Schadenssummen von etwa 3.500 € pro Fall - Tendenz steigend. So stellt Phishing ein großes Gefährdungspotenzial für die Banken dar. Auch wenn letztlich der Endkunde angegriffen wird, so tragen doch die Banken in der Regel den Schaden.

Im fortlaufenden Wettstreit zwischen Tätern und Sicherungsvorkehrungen werden immer neue Varianten von Schadsoftware entwickelt. So bedienen sich die kriminellen Phisher bei der Verbreitung der Schadsoftware immer verfeinerter Verfahren. Mittlerweile werden zwei Drittel der Schadcodes mittels so genannter „Drive-by-Infections" verteilt. Dies sind zunächst unverdächtige, aber dennoch infizierte Internetseiten, die beim Aufrufen den nichtsahnenden User zum Geschädigten werden lassen. Nach Angaben der Branche werden pro Tag weltweit 13.000 infizierte Websites ins Netz gestellt. Zudem versuchen die Hacker gezielt, Webseiten mit hohen Zugriffszahlen zu manipulieren, um dadurch eine schnellere und deutlich umfassendere Verteilung der Schadsoftware zu erreichen.

Auch das von Banken und Sparkassen angewandte SMS-basierte Authentifizierungsverfahren wird von Tätern versucht auszuhebeln. Bereits seit Mitte vergangenen Jahres konnten dazu erste Versuche beobachtet werden. Diese Entwicklung zeigt, dass die Täter bemüht sind, sich dem Markt der Sicherheitsanwendungen weiter anzupassen. SMS-basierte Transaktionssicherungen sind in vielen Bereichen - auch bei einigen deutschen Banken - die Zukunft und befinden sich bereits im Zielspektrum.

Verstärkt stehen aber auch die sozialen Netzwerke wie Facebook oder StudiVZ für die Verbreitung von Schadsoftware und variantenreiche Betrugsmaschen im Fokus der Kriminellen. Häufig werden die kompletten Accounts von Nutzern der sozialen Netzwerke übernommen. Anschließend werden Nachrichten mit betrügerischen Absichten bzw. Schadsoftware an die gesamte Freundesliste des übernommenen Accounts verschickt.

Hierzu muss man sich schon ehrlich fragen: Würden Sie hinter einer E-Mail oder Chat-Nachricht, die augenscheinlich von einem Freund oder einem Familienmitglied stammt, einen hinterhältigen Betrug vermuten?

Es sind Fälle bekannt, in denen Hacker bis zu 1,5 Millionen Facebook-Accounts zum Kauf angeboten haben. Dabei beträgt der Preis für 1.000 Konten zwischen 45 und 60 US-Dollar. Microsoft kommt in einer Studie zu dem Ergebnis, dass die meisten Zugriffe auf Phishing-Seiten aus sozialen Netzwerken heraus erfolgen. Mitglieder dieser Plattformen wähnen sich fälschlicher Weise in einem geschützten Raum.

Auch sog. „Bot-Netze" stellen eine lukrative, illegale Handelsware dar. Unter diesen Netzen verstehen wir ferngesteuerte Computer, die ohne Wissen ihrer Besitzer über einen Schadcode infiziert wurden. Diese infizierten PCs leiten nicht nur die persönlichen Daten des Besitzers an die Täter weiter, sondern dienen Straftätern als Werkzeug für weitere Straftaten, z. B. zum Verteilen von Schadsoftware, zum anonymen Versand von Spam-Mails und zum Angreifen von Webseiten. Mittlerweile ist bekannt, dass die Anzahl der täglich eingesetzten ferngesteuerten PCs in Deutschland durchschnittlich 350.000 beträgt, in Spitzenzeiten sogar bis zu 700.000.

Meine Damen, meine Herren,

lassen Sie mich die Situation mit zwei aktuellen Beispielen verdeutlichen:

Anfang 2008 erstatte eine Firma für Kommunikationsdienstleistungen aus dem Raum Leipzig Anzeige wegen des Verdachts der Computersabotage. Grund war ein „Hacker-Angriff" - genauer gesagt ein bereits erwähnter „Bot-Netz-Angriff" - auf den Server des Unternehmens. Dabei wurden mit etwa 430.000 Rechnern zielgerichtet das Netzwerk des Servers angegriffen und Zusammenbrüche provoziert. Etwa anderthalb Jahre später wurde die gleiche Firma mehrfach Opfer von Attacken durch die Störung von Satellitenkommunikation, die den Betrieb erheblich einschränkte. Es entstand ein Sachschaden von etwa 30.000 €. Das LKA Sachsen konnte in diesem Fall einen kurz zuvor entlassenen Mitarbeiter als Tatverdächtigen ermitteln, der anhand einer IP-Adresse überführt wurde.

In einem anderen Fall teilte vor zirka einem Jahr ein Erpresser dem Betreiber eines Online-Shops in einem Bekennerschreiben per Email mit, dass er für einen Serverausfall des Shops mittels „DDos-Attacke“ verantwortlich sei. Dies sind Attacken, bei denen die Server mit einer Flut von Anfragen bombardiert werden bis das System nicht mehr in der Lage ist, diese Flut zu bewältigen und zusammenbricht. Der Täter forderte die Firma auf, 150 €zu zahlen und droht im Weigerungsfalle damit, den Onlineshop weiter zu attackieren. Das Verfahren wurde aufgrund von weiteren gleichgelagerten Fällen in der Bundesrepublik vom BKA übernommen. Auch dieses Beispiel verdeutlicht meines Erachtens ein weiteres großes Problem: viele kleinere Onlineshops bzw. kleine Unternehmen können sich häufig keine breiten Investitionen in entsprechende Sicherheitsvorkehrungen leisten und zahlen oftmals „digital erpresste“ Geldsummen, um ihren eigentlichen Geschäften weiter nachgehen zu können.

An dieser Stelle ist es mir aber auch wichtig zu betonen, dass nicht nur herkömmliche PCs oder Netzwerke gefährdet sind! Ende vergangenen Jahres wurde erstmals in China eine neue Art von Schadsoftware festgestellt, die auf Smartphones abzielt. Die Infizierung der Geräte soll über manipulierte Apps erfolgen. Die mittlerweile hohen Verbindungsraten und leistungsfähigen Prozessoren machen Smartphones für Kriminelle attraktiv. Mobiltelefone sind zudem in der Regel ständig angeschaltet und empfangs- bzw. sendebereit, während PCs nach der Nutzung heruntergefahren werden und für das Bot-Netz nicht zu Verfügung stehen. Außerdem mehren sich die Einsatzgebiete der Smartphones, die z. B. im Onlinebanking zunehmend in die Autorisierung von Transaktionen einbezogen werden. Zudem gibt es verschiedene Apps, die den unmittelbaren Zugriff auf Onlinekonten, E-Mailkonten und Konten sozialer Netzwerke erlauben.

Meine Damen, meine Herren,

angesichts der grundlegenden Veränderungen der Tat- und Tätertypologien infolge des rasanten technischen Wandels laufen klassische hoheitliche Eingriffsinstrumente zunehmend ins Leere. Wir müssen mit neuen ermittlungstaktischen Ansätzen und dem jeweils adäquaten Einsatz von Eingriffsinstrumentarien reagieren. Im Kern geht es darum, den technologischen Vorsprung der Täter aufzuholen bzw. bereits heute vorauszudenken.

Bewährte Ermittlungsmethoden müssen mit neuen Instrumenten sinnvoll ergänzt werden. Dabei ist für die Strafverfolgung und Gefahrenabwehr im digitalen Zeitalter der Zugriff auf Daten über die Nutzung elektronischer Telekommunikationsmittel unentbehrlich. Die Zuordnung einer polizeilich bereits bekannten IP-Adresse zu einem Anschlussnehmer ist oft der schnellste und sicherste, bei manchen Delikten sogar der einzige Weg, kriminelle Internetnutzer zu identifizieren.

Im März vergangenen Jahres hat das Bundesverfassungsgericht die sog. Vorratsdatenspeicherung in ihrer bisherigen gesetzlichen Umsetzung für verfassungswidrig erklärt. Die Provider mussten die bislang gesammelten Daten umgehend löschen. Die Verkehrsdaten stehen seitdem für die polizeiliche Ermittlungsarbeit wegen der uneinheitlichen Speicherpraxis der Provider nicht mehr zur Verfügung.

Die besondere Bedeutung von Verkehrsdaten für die wirksame Strafverfolgung und Gefahrenabwehr hat auch das Bundesverfassungsgericht anerkannt, denn das Urteil führt auch aus, dass die anlasslose Speicherung von Daten auf Vorrat zu diesem Zweck unter bestimmten Voraussetzungen mit dem Grundgesetz vereinbar ist.

Erforderlich sind allerdings Regelungen zur Datensicherheit, zur Begrenzung der Datenverwendung, zur Transparenz und zum Rechtsschutz. Die entstandene Sicherheitslücke muss schnellstmöglich in Form einer verfassungskonformen Regelung für Mindestspeicherfristen geschlossen werden!

Das immer wieder bemühte so genannte „Quick-Freeze-Verfahren" stellt im Übrigen keine geeignete Alternative zur Wiedereinführung einer Mindestspeicherfrist dar. Speichern Provider keine Verkehrsdaten, können auch keine Daten „eingefroren" werden. Ein Verzicht auf die Vorratsdatenspeicherung bedeutet aktive Vernichtung von Tätern hinterlassener digitaler Spuren.

Liebe Zuhörer,

um Wirtschaftskriminalität effektiv bekämpfen zu können, sind sowohl Prävention als auch eine wirksame Strafverfolgung unerlässlich. Wirtschaft und Sicherheitsbehörden müssen dabei eng kooperieren, denn nur durch eine Bündelung aller Fähigkeiten kann eine erfolgreiche Kriminalitätsbekämpfung betrieben werden.

Das gegenseitige Kennenlernen kann dazu beitragen, eventuell ungenaue Vorstellungen vom Ablauf polizeilicher Ermittlungen auszuräumen. Ich höre manchmal noch davon, dass beispielsweise die Polizei bei IT-Angriffen immer die gesamten Firmenrechner sicherstellt und zum Zwecke der Auswertung auf unbestimmte Zeit abtransportiert. Ich kann Ihnen versichern, dass heutzutage Festplatten vor Ort „gespiegelt“ werden können, d.h. ein 1:1-Image ersetzt das Original als Beweismittel. Der Geschäftsbetrieb wird dabei nur kurz beeinträchtigt. Auch fahren die Kollegen in der Regel nicht mit Streifenwagen und Blaulicht vor den Firmensitz. Die Ermittlungen werden in enger Absprache mit den jeweiligen Geschäftsführern bzw. Inhabern diskret durchgeführt und auch Vernehmungen von Mitarbeitern können bei Bedarf unauffällig stattfinden.

In diesem Zusammenhang steht auch ein neues Projekt des Landeskriminalamtes Sachsen, gemeinsam mit der Polizeidirektion Chemnitz-Erzgebirge und dem Sächsischen Verband für Sicherheit in der Wirtschaft (SVSW) sowie mit Unterstützung des Wirtschaftsjournals - das Pilotprojekt „Sicheres Unternehmen“.

Ziel dieses Projektes ist die Sensibilisierung von klein- und mittelständischen Unternehmen für das Thema Wirtschaftskriminalität mittels eines ganzheitlichen Beratungsangebotes zum Schutz der äußeren und inneren Unternehmenssicherheit.

Die Analyse der Begehungsweisen von klassischen Einbruchsdelikten in sächsische Firmensitze - im Jahr 2010 immerhin über 1.900 Fälle - zeigt, dass in 65 Prozent der Fälle die Täter mit einfachsten Hilfsmitteln in die Firmen gelangten. Dies geschah meist durch Aufhebeln bzw. Aufbrechen von Türen, Fenstern oder Oberlichtern, wodurch ein Gesamtschaden von über achteinhalb Millionen Euro entstand.

Zielgruppe des derzeit bundesweit einmaligen Beratungsangebotes sind klein- und mittelständische, vornehmlich exportorientierte sächsische Unternehmen mit innovativen Forschungs- und Entwicklungsaufgaben. Gefährdet sein kann prinzipiell jeder „Mittelständler“. Wir haben dazu in einem ersten Schritt eine Checkliste entwickelt, mit der eine Prüfung der Sicherheitsstandards durchgeführt werden kann. Damit werden vergleichbare und auswertbare Prüfergebnisse erzielt. Diese Checkliste beinhaltet neben der Einschätzung des Gefährdungsgrades alle sicherheitsrelevanten Themenkomplexe wie den technischen Objekt- und Gebäudeschutz, die IT-Sicherheit, Aussagen zum Personal und die Organisation der innerbetrieblichen Abläufe.

Nach einem Test an drei Musterunternehmen wurde das Vorhaben Ende vergangenen Jahres der Öffentlichkeit vorgestellt und in der Zwischenzeit acht Unternehmen verschiedener Branchen beraten. In allen Fällen wurden teils gravierende Sicherheitsdefizite in verschiedenen sicherheitsrelevanten Themenkomplexen festgestellt und Empfehlungen zur Verbesserung der Sicherheit der Unternehmen ausgesprochen. Oftmals führen bereits die Änderung betrieblicher Abläufe, das Treffen klarer Regelungen und regelmäßige Kontrollen dieser Festlegungen zu einem spürbaren Sicherheitsgewinn.

Liebe Vertreter aus Sicherheit und Wirtschaft,

eine der zentralen Aufgaben des Landeskriminalamtes Sachsen ist die Kriminalitätsvorbeugung und -bekämpfung. Aus diesem Grund ist es uns ein Anliegen, über das komplexe Themenfeld Wirtschaftskriminalität aufzuklären.

Trotz der geschilderten Entwicklungen ist der Freistaat Sachsen eines der sichersten Bundesländer. Diesen - gerade aus wirtschaftspolitischer Sicht wesentlichen - Standortvorteil gilt es gemeinsam zu bewahren!

Vielen Dank.

Die Gefährdungslage in Deutschland aus Sicht der Wirtschaft

Jörg Ziercke, Präsident des Bundeskriminalamtes

Einleitung

Bei der Frage, mit welchen Angriffen und Bedrohungen sich der Wirtschaftsstandort Deutschland konfrontiert sieht, muss man sich zunächst die Bedingungen vergegenwärtigen, unter denen Sicherheit im 21. Jahrhundert gewährleistet werden muss. Wir erleben die Chancen und Risiken des ersten wirklich globalen Jahrhunderts. Wir erleben die atemberaubende Geschwindigkeit politischer, wirtschaftlicher, sozialer Veränderungen, die nur durch Kommunikation und eine schnelle und ungefilterte Übermittlung von Informationen und Meinungen rund um den Globus möglich ist.

Eine Welt ohne Internet ist nicht mehr vorstellbar. Das Internet ist das Synonym für die gesellschaftlichen Entwicklungen zu Anfang des 21. Jahrhunderts.

Globale Verflechtungen schaffen weltweite Interdependenzen und führen zu neuen Verletzbarkeiten. Dies bleibt nicht ohne Wirkung auf die Schwerpunktaufgaben der Sicherheitsbehörden: die Bekämpfung des internationalen Terrorismus, der Organisierten Kriminalität, der Cyberfcrime und der Wirtschaftskriminalität.

Einhergehend mit diesen Entwicklungen haben sich auch Tat- und Tätertypologien grundlegend geändert. Neuartige Kriminalitätsphänomene ersetzen zunehmend klassische Deliktsformen. Die Qualität der Straftaten, die Tatbegehung hat sich verändert - sie wird komplexer, internationaler, technologisch anspruchsvoller.

Das Strafrecht wird an seine funktionalen und territorialen Grenzen geführt. Das Internet bietet völlig neue Möglichkeiten in den Bereichen Logistik, Kommunikation und Finanzierung und ist so auch ein wesentliches Strukturelement moderner Kriminalität geworden.

Internationaler Terrorismus

Der internationale Terrorismus ist fraglos die größte Herausforderung für die Sicherheitsbehörden und hat weltweit bereits mehrere tausend Todesopfer gefordert, darunter auch 70 Deutsche.

Auch wenn bei dem Anschlag in Stockholm am 11. Dezember 2010 außer dem islamistisch motivierten Attentäter selbst niemand ums Leben kam, so wurde doch erneut deutlich, dass Terroristen überall überraschend zuschlagen können.

Auch der Bombenanschlag auf den Moskauer Flughafen Domodedovo am 24. Januar dieses Jahres, beim dem auch ein Deutscher getötet wurde, wurde vermutlich von religiös motivierten Terroristen begangen.

Deutschland hat sich von einem Ruhe- und Rückzugsraum islamistischer Terroristen in den 90er Jahren über einen Tatvorbereitungsraum im Jahr 2001 zu einem Teil des weltweiten Aktions- und Anschlagsraumes gegen westliche Interessen entwickelt.

Auch hier gab es seit 2001 bis Anfang dieses Jahres mindestens sieben islamistisch motivierte Anschläge, die durch die Sicherheitsbehörden verhindert wurden oder scheiterten. So ist Deutschland z. B. im Juli 2006 nur knapp einem Anschlag entkommen: Zwei radikalisierte Muslime - mutmaßlich eine autonome Zelle - zündeten unkonventionelle Sprengvorrichtungen in zwei Koffern, die sie in Regionalzügen deponiert hatten. Nur ein Konstruktionsfehler an den Sprengsätzen verhinderte die Katastrophe.

Am 4. September 2007 überwältigte die Polizei nach monatelangen Ermittlungen drei mutmaßliche Mitglieder der „Islamischen Jihad Union" (IJU) - zwei zum Islam konvertierte Deutsche und einen Türken - in Oberschledorn im Sauerland. Sie hatten Sprengstoffanschläge u. a. gegenüber amerikanische Einrichtungen in Deutschland geplant.

Vor weniger Wochen wurde dann erstmals ein islamistisch motivierter Anschlag in Deutschland „erfolgreich" umgesetzt. Am 2. März 2011 verübte ein kosovarischer Staatsangehöriger am Frankfurter Flughafen mit einer Schusswaffe einen Anschlag gegen US-Militärangehörige, die nach Afghanistan fliegen wollten. Zwei US-Soldaten wurden bei dem Anschlag getötet, zwei weitere schwer verletzt.

Dieses Attentat wie auch der Anschlag in Stockholm kennzeichnen die aktuelle Bedrohungslage für Europa. Diese leitet sich nach unserer Überzeugung u. a. aus der Veröffentlichung, Verbreitung oder Duldung islamkritischen Verhaltens und der sichtbaren Beteiligung am internationalen Kampf gegen den Terrorismus ab. Auch ein militärisches Engagement in Afghanistan hat weiterhin Bedeutung für terroristische Aktivitäten. Wir müssen in Betracht ziehen, dass sich Gruppierungen, Kleinstgruppen, aber auch fanatisierte Einzeltäter darauf berufen und als Rechtfertigung für Anschläge heranziehen.

Die jüngsten Anschläge machen zudem erneut deutlich, welche Bedrohungen von Einzeltätern ausgehen, die zwar an al-Qaida bzw. ihr nahe stehende Gruppierungen angebunden bzw. von deren Ideologie inspiriert sind, letztlich aber autonom, spontan und damit fast unvorhersehbar handeln. Zum Teil gut sozialisierte Personen radikalisieren sich - mitunter selbstständig - innerhalb kürzester Zeit und planen und begehen Anschläge bis hin zu Suizidattentaten. Solche Personen und Entwicklungen zu identifizieren und zu erkennen ist eine schwierige, mitunter sogar unlösbare Aufgabe für die Sicherheitsbehörden.

In Deutschland befinden sich aktuell[1] rund 1.000 Personen im Fokus der Sicherheitsbehörden, die dem islamistisch-terroristischen Personenpotenzial in Deutschland zugeordnet werden: Davon sind derzeit ca. 120 Personen als so genannte Gefährder eingestuft, bei etwa 280 Personen handelt es sich um so genannte relevante Personen. Zu insgesamt rund 250 Personen mit Deutschlandbezug und islamistisch-terroristischem Hintergrund liegen Informationen vor, die darauf schließen lassen, dass diese seit Beginn der neunziger Jahre eine paramilitärische Ausbildung erhalten haben sollen bzw. eine solche beabsichtigten. Von diesen halten sich derzeit ca. 135 wieder in Deutschland auf, etwa zehn sind inhaftiert. Über 40 dieser 250 Personen haben sich mutmaßlich seit Beginn des Jahres 2001 an Kampfhandlungen in Krisenregionen beteiligt.

Auch die Zahl von derzeit etwa 380 in Deutschland anhängigen Ermittlungsverfahren[2] mit islamistischem Hintergrund und die der Gefährdungshinweise zeigen deutlich, dass die Bedrohung durch den islamistischen Terrorismus real ist.

Mitte November 2010 verkündete der Bundesinnenminister, dass sich die Sicherheitslage in Deutschland verschärft habe. Grundlage dafür waren Informationen von ausländischen Partnern und von Nachrichtendiensten sowie Ermittlungserkenntnisse des BKA. Unabhängig voneinander wiesen die Erkenntnisse zeitliche und inhaltliche Übereinstimmungen zu Anschlagsplanungen

1 Stand Juni 2011
2 Stand Juni 2011

durch den islamistischen Terrorismus in Deutschland und anderen europäischen Ländern auf.

Die Gefahrensachverhalte konnten aufgeklärt werden. Die sichtbaren, bundesweit eingeleiteten Sicherheitsmaßnahmen sind entsprechend verringert worden. Nach wie vor gibt es jedoch Ermittlungsansätze, die verdeckt von den deutschen Sicherheitsbehörden verfolgt werden. Eine generelle Entwarnung gibt es nicht. Wir gehen nach wie vor davon aus, dass al-Qaida und assoziierte Gruppen Anschlagspläne in Europa verfolgen.

Wirtschaftskriminalität

Obgleich derzeit vom internationalen Terrorismus sicherlich die spektakulärste Bedrohung ausgeht, bleiben der weltweit organisierte Drogenhandel und die Wirtschaftskriminalität dominierende Deliktsfelder.

Im Jahr 2010 wurden in Deutschland fast 103.000 Fälle von Wirtschaftskriminalität registriert, gegenüber 2009 ein Anstieg von 1,5 %. Über die vergangenen zehn Jahre betrachtet ist der Anteil der Wirtschaftskriminalität an den insgesamt polizeilich registrierten Straftaten eher gering - im Schnitt zwischen 1 und 2 %. Wer die Gefahren von Wirtschaftskriminalität verstehen will, darf jedoch nicht bei den Fallzahlen stehen bleiben, sondern muss auch die Folgen beachten.

Bereits das unmittelbare Schadenspotenzial ist enorm. Wirtschaftskriminalität verursachte im Jahr 2010 4,65 Milliarden Euro an Schäden und war damit für mehr als die Hälfte des in der Polizeilichen Kriminalstatistik (PKS) ausgewiesenen Gesamtschadens verantwortlich. Zudem ist das mittelbare Schadenspotenzial der Wirtschaftskriminalität sehr groß: Wettbewerbsverzerrungen, gesundheitliche Gefährdungen und Schädigungen Einzelner, Reputationsverluste von Unternehmen oder auch ganzer Wirtschaftszweige bis hin zu Vertrauensverlusten in die Funktionsfähigkeit der bestehenden Wirtschaftsordnung - um nur einige der möglichen Folgen zu nennen.

Wirtschaftsdelikte sind auch im Bereich der Organisierten Kriminalität (OK) von zentraler Bedeutung - sie bilden den zweitgrößten OK-Bereich nach der Rauschgiftkriminalität. Auf organisierte Wirtschaftskriminalität entfielen im Jahr 2010 jeweils knapp die Hälfte der durch OK insgesamt verursachten Schäden (740 Mio. Euro von 1,65 Mrd. Euro gesamt) und der geschätzten Gewinne (ca. 400 Mio. Euro von etwa 900 Mio. Euro).

Die voranschreitende Technisierung und das Outsourcing von Wirtschaftsprozessen durch Onlineüberweisungen und eCommerce führen - verbunden mit der rasant gestiegenen Anzahl an Internetnutzern - zu neuen kriminellen Geschäftsmodellen.

Welche neuen Modi Operandi und Trends beobachten wir? Seit 2007 werden beispielsweise vermehrt Pennystocks über das Internet zum Kauf angepriesen. Vorgespiegelt wird ein gewaltiges Kurspotential von bis zu mehreren tausend Prozent innerhalb kürzester Zeit. Ziel der Täter ist, den Preis der Aktie in die Höhe zu treiben und selbst gewinnbringend zu verkaufen, bevor der Kurs wieder in sich zusammenbricht.

Trotz der völlig unrealistischen Gewinnprognosen beobachten wir immer wieder, dass Anleger solchen Versprechungen Glauben schenken.

Derartige Straftaten im Finanzsektor, die erfahrungsgemäß mit hohen Schäden einher gehen, haben bei Bekanntwerden entsprechende Auswirkungen auf die Börsenkurse.

Spektakuläres Beispiel war hier der Fall des amerikanischen Finanzbetrügers Madoff. Das Schneeballsystem des Wertpapierhändlers und Vermögensverwalters gilt mit einem Schaden von rund 65 Mrd. Dollar als größter Kapitalanlagebetrug aller Zeiten.

Welche Anforderungen an die Ermittlungen stellen sich bei Finanzmarktdelikten?

Hierbei liegt im Kern jeweils der Verdacht von Untreue- und Betrugshandlungen zugrunde. Für die Ermittler besteht in diesen Fällen die Herausforderung bereits darin, strafrechtlich relevante Sachverhalte überhaupt zu erkennen. Es geht um die Abgrenzung zwischen „normalen" oder nicht mehr vertretbaren Risikogeschäften, zwischen erlaubter Spekulation oder strafbarer Manipulation und damit einhergehend um die Frage, ob ein ausreichendes Risikomanagement vorhanden war. Komplexe Finanzprodukte und Unternehmensstrukturen sowie die Schnelllebigkeit von Transaktionen stellen uns hier vor Beweiserhebungsprobleme.

Für Kapitalmarktdelikte, aber auch für andere Deliktsbereiche der Wirtschaftskriminalität gilt zudem: Kaum ein Verfahren ist heute noch ohne internationale Bezüge. Dabei zeigt sich eine Welt zweier Geschwindigkeiten: Während Finanzmärkte in Sekundenschnelle global agieren, „lahmt" die internationale polizeiliche und justizielle Zusammenarbeit, die an nationale Vorschriften gebunden und durch fehlende Rechtsharmonisierung eingeschränkt ist.

Wie erwähnt gibt es heute kaum noch einen Kriminalitätsbereich, in dem sich die Täter nicht ausgefeilter Technik bedienen und das Internet als Tatmittel nutzen. Dies trifft auf den Bereich der Wirtschaftskriminalität in besonderer Weise zu. 2010 registrierten wir bundesweit rund 31.000 Fälle von Wirtschaftskriminalität - das ist fast jeder dritte Fall - bei denen das Internet als

Tatmittel genutzt wurde. Das Internet hat neben den strukturellen Verflechtungen auch das Dokumentationsverhalten und die Speicherkapazitäten völlig verändert - wir stoßen auf enorm große Datenmengen, die im Rahmen des Cloudcomputing sich irgendwo in einer abstrahierten IT-Infrastruktur befinden.

Cybercrime

Phänomene der Cybercrime werden als Methode auch von Tätern der Wirtschaftskriminalität angewandt. In einer im September 2010 vorgestellten repräsentativen Studie[3] gaben ein Viertel von 500 befragten Führungskräften an, ihr Unternehmen sei in den vergangenen drei Jahren von Cybercrime betroffen gewesen. Die durchschnittliche Schadenssumme wurde dabei mit 300.000 Euro beziffert; daraus errechnet die Studie einen Gesamtschaden im Milliardenbereich und verweist auf das zudem vermutlich große Dunkelfeld.

Der Blick auf die Zahlen zur Entwicklung der Cybercrime insgesamt zeigt einen eindeutigen Trend: Für das Jahr 2010 wurden in der Polizeilichen Kriminalstatistik (PKS) insgesamt über 246.000 Fälle mit dem Tatmittel Internet registriert - erneut eine Zunahme von etwa 20 %. Ein ähnliches Bild zeigt die Entwicklung der Fallzahlen bei Phänomenen, bei denen Elemente der EDV wesentlich für die Tatausführung sind. Die Zahl der hierzu erfassten Straftaten stieg 2010 um ca. 19 % auf fast 60.000 Fälle. Wie in den Vorjahren stellen die Fälle des Computerbetrugs die mit Abstand größte Fallgruppe dar.

Die besondere Dynamik der Cybercrime sowie arbeitsteiliges und staatenübergreifendes Vorgehen zeigen sich besonders beim so genannten Phishing im Zusammenhang mit Online-Banking. Im Jahr 2009 wurden dem BKA knapp 3.000 solcher Fälle, bei dem die Täter Zugangsdaten von Bankkunden abgreifen und diese missbräuchlich nutzen, gemeldet - eine Steigerung von mehr als 60 %, nachdem 2008 die flächendeckende Einführung des iTAN-Verfahrens zunächst einen Rückgang der Fallzahlen mit sich brachte. Für das Jahr 2010 verzeichneten wir nochmals eine erhebliche Steigerung von über 80 % auf mehr als 5.300 Phishing-Fälle.

3 Im Auftrag der KPMG führte Emnid/Bielefeld im Zeitraum April - Juni 2010 eine repräsentative Befragung von insg. 500 Führungskräften durch. Einbezogen wurden branchenübergreifend Unternehmen aller Größenordnungen (Familienbetriebe bis Großunternehmen). Gegenstand waren die Erfahrungen der Unternehmen mit „e-crime"; im Sinne der Studie wird darunter die Ausführung wirtschaftskrimineller Handlungen unter Ausnutzung von Informations- und Kommunikationstechnik verstanden.

Wir gehen dabei von einem Gesamtschaden von über 17,5 Mio. Euro aus. Das Phishing stellt weiterhin ein großes Gefährdungspotenzial für die Banken dar. Auch wenn letztlich der Endkunde angegriffen wird, so tragen die Banken in der Regel den Schaden.

Die Phisher-Generation von heute bedient sich bei der Verbreitung der Schadsoftware immer verfeinerter Varianten. Mittlerweile werden zwei Drittel der Schadcodes mittels so genannter Drive-by-Infections - beim Aufrufen einer für den Besucher und späteren Geschädigten unverdächtigen, aber dennoch infizierenden Internetseite - verteilt.

Nach Angaben der Branche[4] werden weltweit pro Tag 13.000 infizierte Websites ins Netz gestellt. Zudem versuchen die Hacker gezielt, Webseiten mit hohen Besucherzahlen zu manipulieren, um dadurch eine schnellere und deutlich umfassendere Verteilung der Schadsoftware zu erreichen.

Auf diese Weise können die Täter z. B. Trojaner verteilen, die in der Lage sind, sich in die Abwicklung von Online-Banktransaktionen „zwischenzuschalten" und Überweisungsdaten zu verändern. Schon seit Ende 2008 wird das deutsche iTAN-Verfahren der Banken und Sparkassen von solchen Trojanern durch so genannte Man-in-the-Middle-Attacken erfolgreich angegriffen.

Mittlerweile geraten auch mobile Endsysteme ins Zielspektrum der Täter: Hierbei wird versucht, parallel zum Computer auch Mobiltelefone zu infizieren, um mögliche SMS-basierte Authentifizierungsverfahren aushebeln zu können. Bereits im September 2010 konnten dahingehende erste Versuche beobachtet werden. Bei der für den Computer eingesetzten Schadsoftware handelt es sich um einen Trojaner, der zu den leistungsfähigsten Typen von Schadsoftware zählt und auch das deutsche Onlinebanking attackiert. Die zur Infizierung der Mobiltelefone genutzte Schadsoftware ist derzeit noch nicht klassifiziert. Bisher sind zumindest zwei verschiedene Varianten bekannt.

Diese Entwicklung zeigt, dass die Täter bemüht sind, sich dem Markt der Sicherheitsanwendungen weiter anzupassen. SMS-basierte Transaktionssicherungen sind in vielen Bereichen - auch bei einigen deutschen Banken - die Zukunft und befinden sich bereits im Zielspektrum.

Die Täter sind heute an allen Arten von Zugangsdaten interessiert, mit denen sie letztlich zu Lasten Dritter und zum eigenen Vorteil Verfügungen im Internet vornehmen können - von der Bestellung von Waren bis hin zur Manipulation von Aktienkursen.

Derzeit stehen beim „Diebstahl von digitalen Identitäten" neben Onlinebanking-Daten drei Verwertungsszenarien im Vordergrund:

4 IT-Dienstleister Symantec.

-- Das so genannte Account-Takeover - d. h. zahlreiche Varianten des Abgreifens von Zugangsdaten zur anschließenden missbräuchlichen Verwertung. Es geht z. B. um Accounts bei Online-Vertriebsportalen, sozialen Netzwerken und vielen anderen Dienstangeboten.
-- Die speziellere Variante der missbräuchlichen Nutzung von Accounts von Telekommunikationsanbietern; Zugangsdaten zu hinter Telefonanschlüssen liegenden Benutzerkonten betroffener Kunden werden ausgespäht und z. B. zur Bestellung von Software oder Musik oder zur Einrichtung von Rufweiterleitung an teure Mehrwertnummern genutzt.
-- Das so genannte Carding, bei dem Kreditkartendaten missbräuchlich genutzt werden, um damit zunächst online Waren zu kaufen, die anschließend z. B. über ebay oder eigene Webshops weiterverkauft werden.

Im Bereich des „digitalen Identitätsdiebstahls" gehen wir von einem sehr großen Dunkelfeld aus. Nicht selten bleibt der Einbruch in den Rechner unentdeckt. Häufig zeigen aber auch Unternehmen wenig Interesse an einer Anzeigeerstattung. Dahinter steht die Befürchtung einer Rufschädigung.

Wie professionell und einträglich das Geschäft mit gestohlenen Daten ist, verdeutlicht die Tatsache, dass sich im Internet inzwischen ein eigener Markt hierfür herausgebildet hat. In dieser Underground Economy werden alle für die Tatbegehung erforderlichen Einzelkomponenten angeboten, z. B. Schadsoftware, Services für anonyme oder verschlüsselte Kommunikationswege, Services zur Erstellung von Falschpersonalien, Kreditkartendaten und Teile oder komplette Ausprägungen digitaler Identitäten - die Angebotspalette reicht von Zugangsdaten zu Accounts bei ebay, Amazon, T-Online bis hin zu Onlinebanking-Konten - die Aufzählung ist beliebig erweiterbar.

Täter nutzen verstärkt soziale Netzwerke wie Facebook oder StudiVZ vor allem für die Verbreitung von Schadsoftware und variantenreiche Betrugsmaschen. Accounts von Usern der sozialen Netzwerke werden übernommen. Anschließend werden Nachrichten mit betrügerischen Absichten bzw. Schadsoftware an die gesamte Freundesliste des übernommenen Accounts verschickt. Das Perfide: Wer würde hinter einer E-Mail oder Chat-Nachricht, die augenscheinlich von einem Freund oder einem Familienmitglied stammt, einen hinterhältigen Betrug vermuten?

Dass es sich hier nicht um konstruierte Fälle handelt, zeigt das Inserat eines russischen Hackers, der in der Underground Economy 1,5 Millionen Facebook-Accounts zum Kauf angeboten hat. Der Preis für 1.000 Konten beträgt zwischen 45 und 60 US-Dollar.

Microsoft kommt in einer Studie zu dem Ergebnis, dass die meisten Zugriffe aufPhishing-Seiten aus sozialen Netzwerken heraus erfolgen. Mitglieder dieser Plattformen wähnen sich fälschlicher Weise in einem geschützten Raum.

Auch so genannte Bot-Netze stellen eine lukrative Handelsware innerhalb dieser Underground-Economy dar. Darunter versteht man Netze ferngesteuerter Computer, die ohne Wissen ihrer Besitzer über einen Schadcode infiziert wurden. Solche infizierten PCs leiten nicht nur die persönlichen Daten des Besitzers an die Täter weiter, sondern dienen Straftätern als Werkzeug für weitere Straftaten, z. B. zum Verteilen von Schadsoftware, zum anonymen Versand von Spam-Mails, zum Angreifen von Webseiten und als so genannte Proxies auch zur Verschleierung der Identität der Täter. Die Anzahl der täglich eingesetzten ferngesteuerten „Zombie-PCs" in Deutschland beträgt durchschnittlich 350.000, in Spitzenzeiten bis zu 700.000[5].

Welche Dimensionen Bot-Netze annehmen können, zeigt das Beispiel eines Anfang März 2010 in Spanien festgenommenen sog. Bot-Herders. Er hatte die Kontrolle über die Infrastruktur eines weltweiten Bot-Netzes, das 12 bis 13 Millionen infizierte Rechner umfasste.

Erstmals Ende 2010 wurde in China eine neue Art von Schadsoftware festgestellt, die auf Smartphones abzielt. Die Infizierung der Geräte soll über manipulierte Apps[6] erfolgen. Wurde ein Gerät infiziert, meldet sich dieses bei einem Command&Control-Server an, um von dort weitere Befehle zu empfangen - es ist somit Teil eines Bot-Netzes und Schadsoftware mit anderen Funktionen kann nachgeladen werden. Die mittlerweile hohen Verbindungsraten und leistungsfähigen Prozessoren machen Smartphones für Botherder attraktiv. Mobiltelefone sind zudem in der Regel ständig angeschaltet und empfangs-/sendebereit, während PCs nach der Nutzung heruntergefahren werden und für das Botnetz nicht zu Verfügung stehen. Die im Zusammenhang mit Botnetzen bekannten Modi Operandi können auch mit „Handy-Botnetzen" realisiert werden.

Für Staat und Wirtschaft besonders gefährlich können so genannte DDoS[7]-Attacken sein. Dies sind gezielte Angriffe auf die Server z. B. eines Unternehmens oder von Regierungseinrichtungen, auch auf Kritische Infrastrukturen. Die Server werden mit einer Flut von Anfragen bombardiert, bis das System

5 Schätzungen des Sicherheitsdienstleisters GData.

6 App (engl.=application) Apps (in Zusammenhang mit Smartphones) sind Anwendungen, die über die Nutzung der Datenverbindung verschiedene Funktionen und Services erfüllen.

7 Distributed Denial of Service = Angriff zur Verweigerung des Dienstes (eines Servers) durch ein Rechnernetzwerk.
Ein Rechnernetzwerk teilt sich die Arbeit („distributed"), um einen leistungsfähigen Server durch eine Unmenge von Anfragen in die Knie zu zwingen.

nicht mehr in der Lage ist, diese Flut zu bewältigen und zusammenbricht. In jüngster Zeit wurden vermehrt bekannte deutsche Webshops (meist Anbieter von Technik oder Bürokommunikation, aber auch Wettanbieter und Web-Radios) mit solchen DDoS-Attacken belegt. Da viele dieser Unternehmen ihre Ware nur im Internet anbieten und zumeist keinen „Ladenverkauf" betreiben, ist es überaus geschäftsschädigend, wenn ihre Webshops nicht erreichbar sind. Neben den DDoS-Attacken erfolgt eine mit dem Angriff einhergehende Erpressung: Es wird damit gedroht, den Webshop weiter anzugreifen, sofern nicht Gelder - i. d. R. über elektronische Zahlungsdienstleister - übermittelt werden. Man kann hier von „digitaler Schutzgelderpressung" sprechen.

Kritische Infrastrukturen

Wie bereits erwähnt, haben die neuen Verwundbarkeiten moderner Industriegesellschaften die Sicherheitsumgebung maßgeblich verändert. Infrastruktursysteme vernetzen Europa und die Welt und bilden neuralgische Knotenpunkte. Sie garantieren zum einen Mobilität, medizinische Versorgung, Energie- und Informationsflüsse, stellen aber gleichzeitig kritische Schwachstellen dar. Angriffe auf kritische Infrastrukturen können fatale Auswirkungen auf die gesamte Wirtschaft und Gesellschaft haben.

Angriffe unter Ausnutzung moderner Kommunikations- und Informationstechnik rücken dabei zunehmend in den Fokus der Sicherheitsbehörden. Alle zwei Sekunden gibt es in Deutschland einen Angriff im Internet, wobei das Motiv für den Angriff unklar bleibt. Die Grenzen zwischen Kriminalität, Spionage und Terror sind hier unscharf[8].

Auch der gezielte Einsatz von Trojanern, um Prozess- und Produktionsdaten auszuspähen oder zu manipulieren, kann weitreichende Folgen haben. So wurde im Juli 2010 eine Schadsoftware entdeckt, die eine entsprechende Sicherheitslücke ausnutzt und über mobile Datenträger wie USB-Sticks unbemerkt Betriebssysteme in Industrieanlagen infizieren kann. Ein Ziel dieses Trojaners mit der Bezeichnung STUXNET ist das Ausspähen von Prozess- und Produktionsdaten mittels maßgeschneiderter Datenbankabfragen. Darüber hinaus sollen so Manipulationen und Angriffe auf Prozessleittechniken von kritischen Infrastrukturen möglich sein. So kann dieser Trojaner z. B. falsche Messdaten in die Steuerungssysteme von Energieversorgungsanlagen einspielen, ohne dass eine Fehlermeldung auf einen kritischen Prozess hinweist. Weltweit sollen

8 FAZNET 07.02.2011; Minister De Maiziere während der Münchener Sicherheitskonferenz.

über 30.000 Rechner und mindestens 15 Industrieanlagen infiziert worden sein. Die Schwerpunkte lagen dabei im Iran und in Südasien.

Diesen Bedrohungen muss durch vorbeugende und repressive Maßnahmen begegnet werden. Den Sicherheitsbehörden obliegt hier eine zentrale Verantwortung. Zugleich erfordert diese immer komplexer werdende Aufgabe auch eine fortlaufend optimierte Sicherheitsforschung mit dem Ziel, Technik und Wissen für den Krisenfall zu entwickeln.

Für Betreiber Kritischer Infrastrukturen ist es entscheidend, mögliche Bedrohungslagen zu kennen und sich darauf einzustellen. Das bedeutet, Risiken im Vorfeld von Ereignissen so weit wie möglich zu erfassen und zugleich auf unvermeidbare Krisenfälle bestmöglich vorbereitet zu sein. Das BKA leistet bei der Gefährdungsanalyse sowie Bewertung einen wichtigen Beitrag und stellt Wirtschaftsunternehmen entsprechende Informationen zur Verfügung.

Darüber hinaus betreibt die Bundesregierung den Aufbau eines Nationalen Cyberabwehrzentrums als Teil einer umfassenden Cyber-Sicherheitsstrategie. Grundgedanke ist, dass verschiedene Behörden im Rahmen ihrer jeweiligen Zuständigkeiten Informationen sammeln und teilen. Dieses Cyberabwehrzentrum hat am 1. April 2011 unter Federführung des Bundesamtes für Sicherheit in der Informationstechnik (BSI) und mit Beteiligung des Bundesamtes für Verfassungsschutz (BfV) und des Bundesamtes für Bevölkerungsschutz und Katastrophenhilfe (BBK) seinen Betrieb aufgenommen. Weitere Bundesbehörden, u. a. das BKA, sind an dieses Zentrum angebunden.

Bei der Betrachtung dürfen wir nicht vergessen, dass sich ca. 80 % aller Kritischen Infrastrukturen in Deutschland in privatwirtschaftlicher Hand befinden. Basis für den notwendigen Schutz dieser Strukturen muss daher eine enge Zusammenarbeit von Staat und Privatwirtschaft sein.

Wirtschaftsspionage und Konkurrenzausspähung

Im Zuge der Globalisierung des Wirtschaftslebens und des damit einhergehenden wachsenden Konkurrenzdrucks nimmt die Gefahr der Ausspähung von Geschäfts- und Betriebsgeheimnissen zu. Dabei unterscheiden wir zwischen Wirtschaftsspionage und Konkurrenzausspähung. Wirtschaftsspionage ist ein so genanntes Staatsschutzdelikt; entscheidendes Kriterium ist dabei eine „nachrichtendienstliche Steuerung“. Wenn kein nachrichtendienstlicher Bezug gegeben oder erkennbar ist, liegt zumeist ein Fall von Konkurrenzausspähung vor - die illegale Ausforschung durch ein konkurrierendes Unternehmen bzw. eine Einzelperson. Inhaltlich lassen sich zwischen den beiden Bereichen drei Kernunterscheidungen treffen: Wirtschaftsspionage ist langfristig konzipiert, soll möglichst umfassende Informationen aus allen interessierenden Bereichen erlangen und der Wissens- und Informationsdiebstahl soll dem Vorteil eines Landes bzw. seiner Volkswirtschaft dienen. Die Konkurrenzausspähung dagegen ist kurzfristig angelegt, zielt meistens auf ein oder mehrere ganz bestimmte Produkte ab und ist profitorientiert ausgelegt für eine Einzelperson oder ein Einzelunternehmen.

Diese Unterschiede werden oft erst bei den Ermittlungen ersichtlich. Voraussetzung ist jedoch, dass die Unternehmen im Schadensfall zeitnah die Polizei einschalten.

Bei der Konkurrenzausspähung haben wir im Jahr 2010 646 Fälle registriert - eine Steigerung zum Vorjahr um 18 %. Überwiegend geht es um die Weitergabe von Kundendaten, aber auch um geheime Produktionsunterlagen, Computerprogramme und andere sensible Firmeninformationen. Im Zentrum der Aufmerksamkeit stehen nahezu alle Unternehmensbereiche, wobei Forschungs- und Entwicklungsabteilungen - und damit innovationsabhängige Unternehmen bspw. aus der Pharma- und der Automobilindustrie oder Softwarefirmen - besonders gefährdet sind.

Die Ausforschung von Wirtschaftsunternehmen ist aber auch fester Bestandteil der Arbeit zahlreicher Nachrichtendienste von Staaten z. B. in Osteuropa und Asien. Vor allem Russland und China stehen beim Thema Wirtschaftsspionage in der Kritik. Fremde Dienste konzentrieren sich vor allem auf die Ausspähung im Bereich der Spitzentechnologie und der Grundlagenforschung. Angriffsziel sind Konstruktions- und Produktionsabläufe. Zunehmend wächst dabei auch das Interesse an mittelständischen Firmen, da auch diese seit einiger Zeit verstärkt in die Forschung und Entwicklung zukunftsweisender Produkte investieren.

Leider müssen wir feststellen, dass es im Bereich Wirtschaftsspionage eine deutliche Diskrepanz zwischen den seit Jahren gezeichneten Bedrohungsbildern und dem Anzeigeverhalten gibt. Die polizeilichen Verfahrenszahlen in diesem Phänomenbereich sind gering. Wirtschaftsspionage ist gekennzeichnet durch ein so genanntes doppeltes Dunkelfeld: Gerade kleine und mittelständische Unternehmen sind sich oftmals der Gefahr, Opfer von Wirtschaftsspionage zu werden, gar nicht bewusst. Aus Arglosigkeit treffen sie keine oder kaum Sicherheitsvorkehrungen und bemerken daher nicht, wenn ein Angriff auf sie stattgefunden hat. Falls sie doch Verdächtiges registrieren, erstatten sie aus Furcht vor Imageschäden oftmals keine Anzeige, sondern ziehen interne Lösungen - z. B. arbeitsrechtliche oder organisatorische Maßnahmen - vor.

Dadurch bleiben nicht nur die Täter unbehelligt und straflos. Ohne aktuelle Informationen und Fakten können polizeiliche Bekämpfungskonzepte nicht greifen und weiterentwickelt werden.

Natürlich ist es oftmals schwierig, verdächtige Fälle überhaupt zu entdecken. Die Täter zeigen zumeist eine hohe Professionalität. Hier agieren nicht Gelegenheitstäter, sondern speziell und sehr gut ausgebildete, zielorientiert vorgehende Täter im Auftrag von Nachrichtendiensten.

Von immer größerer Bedeutung sind dabei auch Angriffe über das Internet. Wirtschaftsspionage und Konkurrenzausspähung kann man heute bequem vom Schreibtisch aus betreiben. Die Täter nutzen neue Technologien und ändern immer wieder ihre Angriffsvarianten auf IT-Systeme. Über das World-Wide-Web werden Trojaner verschickt, die die Computer-Netzwerke der attackierten Firmen infizieren und anschließend deren geistiges Eigentum für die Späher sichtbar und abrufbar machen.

Auch die Gefahr durch Lauschangriffe „vor Ort" schreitet durch die Miniaturisierung und stärkere Leistungsfähigkeit handelsüblicher Elektronik immer weiter fort. Mini-Kameras und Mikrophone zum Beispiel, die z. T. in Alltagsgegenständen wie Kugelschreibern, Brillengestellen und Schlüsselanhängern verborgen werden können, eröffnen heute Möglichkeiten, die früher - wenn überhaupt - nur speziell entwickelter, professioneller ND-Technik vorbehalten waren.

Die mangelnde Anzeigebereitschaft seitens der Wirtschaft könnte auch daraus resultieren, dass dort ungenaue oder falsche Vorstellungen vom Ablauf polizeilicher Ermittlungen bestehen. So besteht oft noch die falsche Vorstellung, dass die Polizei bei IT-Angriffen immer die gesamten Firmenrechner sicherstellt und zum Zwecke der Auswertung auf unbestimmte Zeit abtransportiert. Heute können Festplatten vor Ort „gespiegelt" werden, d. h. ein „Image" ersetzt das Original als Beweismittel. Der Geschäftsbetrieb wird nur kurz beeinträchtigt, nicht auf Dauer unmöglich. Auch fahren die Kollegen i. d. R. nicht mit Streifenwagen und Blaulicht vor. Die Ermittlungen werden in enger Absprache mit dem Geschäftsführer bzw. Inhaber diskret durchgeführt, auch Vernehmungen von Mitarbeitern können z. B. bei Bedarf unauffällig stattfinden. Während laufender Ermittlungen erfolgt keine Öffentlichkeitsarbeit durch die Polizei. Diese wird i. d. R. erst bei offizieller Anklageerhebung durch die Staatsanwaltschaft vom Sachverhalt erfahren.

Wirtschaftsspionage gefährdet die Sicherheit unseres Landes und unsere Wirtschaft. Das Bundesinnenministerium schätzt den jährlichen Schaden auf 30-40 Mrd. Euro[9].

Um Wirtschaftsspionage effektiv bekämpfen zu können, sind sowohl Prävention als auch eine wirksame Strafverfolgung unerlässlich. Wirtschaft und Sicherheitsbehörden müssen dabei eng kooperieren.

Korruption

Auch Korruption gefährdet unser Wirtschaftssystem. Wirtschaftskriminalität lässt sich ohne eine effektive Korruptionsbekämpfung nicht wirksam eindämmen. In diesem Bereich stoßen wir oftmals auf feste, international weit verzweigte Täterstrukturen-richtiggehende „Korruptionsgeflechte". Wir müssen auch hier von einem großen Dunkelfeld ausgehen.

Im Jahr 2009 wurden etwa 1.900 Korruptionsverfahren gemeldet (+5 %), wobei sich die Korruptionsanfälligkeit von öffentlicher Verwaltung und Wirtschaft immer weiter angenähert haben (48 % bzw. 46 %).

Auch im Bereich der internationalen Korruptionsdelikte verzeichnen wir steigende Fallzahlen: Im Jahr 2009 wurden fast 70 Straftaten nach dem Gesetz zur Bekämpfung internationaler Bestechung (IntBestG) und 40 Straftaten nach dem EU-Bestechungsgesetz (EUBestG) festgestellt. Gerade vor dem Hintergrund zunehmend global aufgestellter Wirtschaftsunternehmen und des damit steigenden internationalen Konkurrenzdrucks ist hier mit weiter steigenden Fallzahlen zu rechnen.

Angesichts der Tatsache, dass Deutschland im Korruptionswahrnehmungsindex 2010 von Transparency International im internationalen Vergleich unverändert auf einem „guten" 15. Platz[10] geführt wird, dürfen wir in der Korruptionsbekämpfung nicht nachlassen. Entscheidend ist, dass Korruptionsfälle konsequent zur Anzeige gebracht und Hinweisgebersysteme etabliert werden. Dies setzt auch eine enge Kooperation zwischen Strafverfolgungsbehörden und Unternehmen voraus - das gilt sowohl auf nationaler als auch internationaler Ebene. Zahlreiche Organisationen wie beispielsweise die Vereinten Nationen, Interpol, die OECD[11], die Weltbank, EUROPOL, die Alpen AG, SECI[12] sind im Kampf gegen Korruptionen aktiv. Multinationale Konzerne haben heute

9 FAZ vom 08.04.2011.

10 Von178 beurteilten Ländern.

11 Organisation für wirtschaftliche Zusammenarbeit und Entwicklung.

12 Southeast European Cooperative Initiative (Bukarest).

auch ein eigenes Interesse, gegen Korruption vorzugehen. Empfindliche Geldstrafen stehen außer Verhältnis zu erwarteten Gewinnen und Bestechungsgelder sind nicht mehr refinanzierbar.

Geldwäsche

Geldwäsche muss immer als Folgetat bei den polizeilichen Ermittlungen mitgedacht werden: Wo immer illegales Verhalten Vermögensvorteile hervorbringt, findet Geldwäsche statt. Eine seriöse Schätzung der Summe gewaschener Gelder ist nicht möglich.[13] Grundsätzlich gilt: Alle kriminell erwirtschafteten Gelder sind potenziell Gegenstand von Geldwäsche.

2010 wurden über 11.000 Verdachtsanzeigen nach dem Geldwäschegesetz (GWG) an die im BKA angesiedelte Financial Intelligence Unit (FIU) Deutschland gemeldet - ein Anstieg um 22 % zu 2009 und ein Höchststand seit Inkrafttreten des GWG im Jahr 1993.

Seit der Gründung der FIU vor elf Jahren wurden etwa 72.000 Verdachtsanzeigen erfasst und ausgewertet, die Hinweise auf etwa 120.000 verdächtige Personen und 31.500 verdächtige Firmen enthielten. Bei über einem Drittel der Verdachtsanzeigen (ca. 30.000) hat sich der Verdacht einer Straftat erhärtet, wobei v. a. Betrugsdelikte im Mittelpunkt standen.

Die FIU arbeitet bei der Geldwäschebekämpfung eng mit der Gemeinsamen Finanzermittlungsgruppe von ZKA und BKA, den Zollbehörden und den Geldwäschedienststellen der Länderpolizeien sowie mit der Bundesanstalt für Finanzdienstleistungsaufsicht (BaFin) zusammen. Auch die Kooperation mit ausländischen Stellen wächst kontinuierlich. Die FIU Deutschland hat seit ihrer Errichtung in ca. 6.200 Fällen mit anderen FIU weltweit Informationen ausgetauscht.

Kooperation mit der Wirtschaft

Angesichts der veränderten Erscheinungsformen der Kriminalität ist eine ganzheitliche Bekämpfungsstrategie unabdingbar. Neben einem konsequenten be-

13 Der Internationale Währungsfonds (IWF) schätzte im Jahr 2000 das Ausmaß der Gelder, welche aus kriminellen Handlungen stammen und gewaschen werden sollen, auf 2-5 % des Bruttoinlandsproduktes sämtlicher Staaten der Welt - damals zwischen 600 und 1.500 Milliarden US-Dollar (Siska, 2009, S. 32).

hördenübergreifenden operativen Handeln ist dabei entscheidend, auch die Wirtschaftsuntemehmen in ein Netzwerk der Informationen einzubeziehen.

Das BKA hat in den vergangenen Jahren gezielt die Zusammenarbeit mit der Wirtschaft ausgebaut. Die Kooperation mit der Wirtschaft erfolgt vor allem über die Arbeitsgemeinschaft für Sicherheit der Wirtschaft (ASW) - eine Zusammenarbeitsform, die sich bewährt hat. Wir haben zudem die Initiative zu einem intensiven direkten Dialog mit der Wirtschaft, hier insbesondere mit weltweit tätigen deutschen Global Playern, ergriffen. Mittlerweile haben sich 42 Global Player für die Zusammenarbeit entschieden. Unternehmen verfügen oftmals über wichtige Informationen, die unsere Erkenntnisse ergänzen und in Früherkennungsstrategien einfließen können. Im Gegenzug können wir Unternehmen für Gefährdungslagen sensibilisieren. Diese können dann entsprechende Schutzvorkehrungen ergreifen.

Darüber hinaus wollen wir dem Wunsch zahlreicher Wirtschaftsunternehmen und Verbände nach einem zentralen Ansprechpartner für alle Fragen zur Bekämpfung von Cybercrime entsprechen. Geplant ist die Einrichtung einer zentralen Stelle auf Bundesebene zur institutionalisierten Zusammenarbeit zwischen privaten und öffentlichen Stellen. Von dieser institutionalisierten Public-Private-Partnership (iPPP) erhoffen wir uns vor allem einen flexiblen, schnellen Austausch von aktiv gesammelten und ausgewerteten Informationen, mit deren Hilfe die Kriminalitätsbekämpfung verbessert und gemeinsame Abwehrstrategien entwickelt werden können.

Ermittlungsinstrumente

Angesichts der grundlegenden Veränderungen der Tat- und Tätertypologien infolge des rasanten technischen Wandels laufen klassische hoheitliche Eingriffsinstrumente zunehmend ins Leere. Wir müssen mit neuen ermittlungstaktischen Ansätzen und dem jeweils adäquaten Einsatz von Eingriffsinstrumentarien reagieren. Bewährte Methoden wie der Einsatz von Verdeckten Ermittlern und Vertrauenspersonen, die klassische Telefonüberwachung oder die akustische Wohnraumüberwachung müssen mit neuen Instrumenten wie die Online-Durchsuchung, die Quellen-Telekommunikationsüberwachung und die Speicherung von Telekommunikations-Verkehrsdaten (Vorratsdatenspeicherung) sinnvoll ergänzt werden.

Unentbehrlich für die Strafverfolgung und Gefahrenabwehr im digitalen Zeitalter ist der Zugriff auf Daten über die Nutzung elektronischer Telekommunikationsmittel. Die Zuordnung einer polizeilich bereits bekannten IP-Adresse zu einem Anschlussnehmer ist oft der schnellste und sicherste, bei manchen Delikten der einzige Weg, kriminelle Internetnutzer zu identifizieren.

Am 2. März 2010 hat das Bundesverfassungsgericht (BVerfG) die so genannte Vorratsdatenspeicherung in ihrer bisherigen gesetzlichen Umsetzung für verfassungswidrig erklärt. Verkehrsdaten stehen seitdem für die polizeiliche Ermittlungsarbeit wegen der uneinheitlichen Speicherpraxis der Provider weit überwiegend nicht mehr zur Verfügung.

Um das Ausmaß der entstandenen Schutz- und Sicherheitslücke zu verdeutlichen, führt das BKA derzeit eine interne statistische Erhebung durch. Diese belegt, dass Telekommunikationsverkehrsdaten heute für die wirksame Strafverfolgung und Gefahrenabwehr von besonderer Bedeutung sind.

Dies hat auch das BVerfG anerkannt, denn das o. g. Urteil besagt auch, dass die anlasslose Speicherung von Daten auf Vorrat zu diesem Zweck unter bestimmten Voraussetzungen mit dem Grundgesetz vereinbar ist. Erforderlich sind allerdings Regelungen zur Datensicherheit, zur Begrenzung der Datenverwendung, zur Transparenz und zum Rechtsschutz.

Die derzeitige Sicherheits- und Schutzlücke muss schnellstmöglich in Form einer verfassungskonformen Regelung für Mindestspeicherungsfristen von Telekommunikationsverkehrsdaten geschlossen werden.

Das immer wieder bemühte so genannte „Quick-Freeze-Verfahren“ stellt im Übrigen keine geeignete Alternative zur Wiedereinführung einer Mindestspeicherfrist dar. Speichern Provider keine Verkehrsdaten, können auch keine Daten „eingefroren“ werden. Das hat auch das Bundesverfassungsgericht in der erwähnten Entscheidung bezogen auf die Zweckeignung der Maßnahme festgestellt.

Schlussbemerkung

Trotz der geschilderten Entwicklungen ist Deutschland eines der sichersten Länder weltweit. Diesen - gerade auch aus wirtschaftspolitischer Sicht wesentlichen - Standortvorteil gilt es gemeinsam zu sichern. Erfolgreiche Kriminalitätsvorsorge und -bekämpfung können wir nur durch Bündelung aller Fähigkeiten und durch gemeinsame Anstrengungen erreichen.

Eine freie Gesellschaft braucht Sicherheit als Voraussetzung ihrer Freiheit - Sicherheit, die wir nur gemeinsam gewährleisten können.

Zeitfracht Medien GmbH
Ferdinand-Jühlke-Straße 7
99095 Erfurt, Deutschland
produktsicherheit@kolibri360.de